永遠之法

愛 爾 康 大 靈 的 世 界 觀

Ryuho Okawa
大川隆法

台灣幸福科學出版有限公司

前言

本書，是名符其實的「永遠之法」。以理論的形式呈現出真理結晶，此乃前人未至之悟，後人難及之境。

本書繼《太陽之法》、《黃金之法》之後，開示了佛法真理的空間論，完成了三部基本法，描繪出愛爾康大靈之法的輪廓。《太陽之法》網羅了人生真理的巨大「法體系」；《黃金之法》則以展望超過數千年的視野，闡述了諸如來、諸菩薩活躍史的「時間論」；《永遠之法》明示了人的靈魂離開世間後，所前往的靈界次元構造之「空間論」。這三部法典，為愛爾康大靈（El

Cantare）之「法」的基柱，建構出其「法」的特徵。

如今，流傳悠久的奧祕終於揭示。以往，地球靈團最深的奧祕總是被覆蓋著傳說和神話的面紗，至此已真相大白。謹以發展、融合世界諸宗教思想體系，作為本書獻世之悲願。

一九九七年七月

幸福科學集團創立者兼總裁　大川隆法

目錄 Contents

第二章 五次元世界

第三章 六次元世界——95

第四章 七次元世界——135

第五章　八次元世界 —— 173

第六章　九次元世界 —— 209

第一章

四次元世界

一、靈界與世間

「人究竟從何處來，又該往何處去？」這是深藏於世人內心的一大疑問，但在現實中，能夠明確解答這個疑問的人似乎並不多。

想要解答這問題，必須先了解靈界與世間的關係，不明白靈界與世間的關係，就無從說明起。遺憾的是，至今世間的學問深度，還不足以解釋靈界與世間的奧祕關係，也尚未確立出探究這層關係的理論。

從古至今，許許多多的通靈者為了解開這個奧祕，做過不少嘗試。即便有些通靈者值得人們信賴，但絕大部分的通靈者在人格上尚未成熟，常有些異於常人的言行。也因此，世人不會輕易相信通靈者所講的話。雖然有些通靈者宣稱看到了靈，或者對人做出某種預言，卻沒有任何可以驗證的憑據，所以這些話反而會給人們心裡帶來不安。也就是說，世人往往沒有親眼看見實證，就不肯相信。

靈界與世間的關係難以定義，原因就在於聽到這些話的一般人，很難獲得與靈能者相同的靈性體驗。

如果任何人都能像通靈者那樣，再三地經驗靈性體驗，那麼，靈界的存在早就被人承認了。然而，實際上多次的靈性體驗，也只有某些特殊的人才做得到。因此，一般人難以真正理解靈界是怎樣的世界。有世間性常識的人，也不願意承認靈界的存在，更不願了解世間跟靈界有什麼關聯。

人們常常會思考「人生觀」和「人生目的」的問題，但是在明確掌握「自己在大宇宙中的真正價值」前，是不可能真正確立人生觀和人生目的。

假使一個人相信唯物論者的主張：「人的生命是偶然出現於母親肚子裡，出生後活了六、七十年，死後送到火葬場火化，人生就此告終。」那麼，這個人實際上就會在這種唯物主義的人生觀下度過一生了。

相反地，宗教的主張則強調：「從實在界（靈界）轉生到世間的靈魂生命，在幾十年的世間生活中修行。即使靈魂離開世間，回到實在世界之中，仍以提升心靈境界為目標而不斷努力。」如果認識到了這一真相，面對人生的思考方法自然也就與前者不同了。

若以學校教育來比喻人生，我們可以得到以下幾種不同的觀點。例如，從唯物論的見解來看，就會出現類似「小學六年級畢業後，義務教育就結束了」的觀點。這種思維方式，會將整個人生的可能性侷限於小學教育的範圍中。

然而若是從「靈界儼然存在，人的靈魂是輪迴轉生的生命」的觀點出發，就會有如下的認識：「小學畢業了還有國中，國中畢業後尚有高中，之後還有大學和研究所。從學校畢業後，進入社會還有各種的學習。」人生本身就是一個連綿不斷的學習過程。

以上兩種不同的觀點，究竟哪一種對人的進化和向上有益呢？結論自是不言而喻。抱持著以永遠的進化為目標的觀點，人就能向更高的境地躍進。

假如認定人生只有一回，人的生命就像仙女棒煙火一般，只存活在短暫的期間內，又怎麼可能於人生中發現重要的意義和目的呢？

正因為覺得人生短暫有如仙女棒煙火，所以容易去追求各種世俗的快樂、物質的欲望，過放縱的生活，並且容易掉入個人主義的陷阱。

假如認為人生只有短短幾十年，那麼，會有「若不盡情享受就是損失」的想法，也就不奇怪了。

不過要是認為人生是永恆的，心中便會產生「對他人的奉獻，終究能回報到自己身上，變成使自己心靈成長的營養食糧」的想法。

所以在面對人生觀、人生目的和使命等問題時，能否理解靈界與世間之關係，就變得極為重要。若忽視了這個觀點，也就不可能真正認知「人生」或是「人」的存在意義了。

二、死後的世界

「靈界」是人死後，靈魂離開了肉體、離開了世間之後前往的世界。那是一個怎樣的世界呢？

由於世人不知道死後世界的真相和實相，在面對死亡時會產生恐懼和不安，直說「不想死」。歸結起來說，這即為對世間生活執著的表現。如果在現實中去問一百個人關於死亡的問題，可能有九十九個人會回答「不想死」。

人們之所以會這樣回答，不只是因為「生活在世間很舒適」這一個單純的理由。更深層的原因，是對死後的世界抱持著很大的恐懼和不安，所以有「不想死」的念頭。

還有另一種人，對他們來說世間是苦海深淵，他們反倒超越了自己對死亡的恐懼和不安，自斷肉體生命以逃脫苦海，前往靈界。

這兩種想法，皆來自於對靈界、死後世界的無知。由於世人對死後世界的研究尚未成熟，所以人們會產生困惑。

我認為，需要有人現身說法，明確地闡述死後的世界，克盡指引人們人生航向的使命。

航海時如果沒有航海圖，的確會使人不安。假如有了正確的航海圖，明白地知道自己是從何處來，又將往何處去的話，那麼航海也就沒有什麼可怕的了。換言之，當正確理解航向之後，就能安心地走上正確的航程。

接下來，我們要進一步探討「人的靈魂在離開肉體後，究竟會怎樣」的問題。

「人生不只是幾十年的肉體生命，人生貫穿了今世與來世」。我在許多書籍中曾討論過這個問題。

當世人在現實中面臨肉體死亡時，總是會想方設法去抵抗。病患總說「不想死」，醫生也會盡力地去延長病人的肉體生命。

但是從心靈世界來看，瀕死之人的守護靈、指導靈或者天使，會來到他的身旁。也就是說，這些指導靈正在為引導此人前往死後的世界做準備。

人的肉體生命停息後，他的靈體便會脫離肉體。起先，當事人本身尚難有靈性自覺，會因為看到了另一個自己而驚奇不已。一個是躺在床上的自己，一個是自由自在的自己。

不久，他會發現，無論自己說什麼、比畫什麼，都得不到旁人的回應。接下來，還有更令他驚愕的發現，那就是自己竟然能穿牆而過。

這個人還會覺得「躺在床上的肉體才是自己」，於是便一直依偎在肉體旁，直到遺體被運到火葬場火化後，才受到巨大的衝擊。當他看到自己的肉體被火化時，會不知該如何是好，只能在火葬場周圍浮游徘徊，對於今後將何去何從毫無頭緒，徬徨不已。

這時，他的守護靈會前來向他解釋，說服他接受死後世界的事情。但是，生前不相信死後世界的人，是很難被說服的。對於這類人，守護靈要在世間花上數十天進行說服的工作。

世人認為，人在往生後，會逗留在世間七天到四十九天，也就是俗稱的「頭七」或者「四十九天」，事實上，通常人死後約前二、三十天左右的時間，的確可以逗留在世間。死者的靈魂，在這段期間會慢慢接受守護靈、指導靈的勸說，逐步堅定重返靈界的決心。

只不過，有些人對世間會有過度的執著心。譬如，對小孩、父母、配偶或者是土地、建築、財產、公司、事業等有強烈的執念，致使此人徘徊於世間，成為了世人所謂的幽靈。也因此，我們可以說，這樣的人尚未覺醒到自身是靈性的存在。

三、肉體的記憶

絕大多數的人，在返回靈界時會受到很大的打擊，先是覺得自己很狼狽，接著才漸漸習慣靈界的生活。一開始，他們會察覺自己沒有肉體也能夠生活，並且很詫異就算自己二、三十天不吃不喝竟也能照樣活著。

經過一段時間後，多數人會發現：「世上的人已經聽不到自己講話了。」醒覺到自身已返回到靈界時，就不會再執著於世間了。

當一個人成為無肉體的靈，會漸漸體驗到新的感覺。這種新的感覺，也就是靈性的感覺。譬如能夠在空中漂浮、穿牆而過、瞬間移動。又譬如說，心中掛念千里之遙的親戚、友人，想見面的話，靈體就能在瞬間來到此人的面前。

這種新感覺，會逐漸變成平常事，就如同剛上小學時會有新鮮感，隨後自己就會開始探索自我與世界觀。

一般來說，世間生活的記憶會在這個過程中逐漸淡漠下來。不過也有些靈不但對人世念念不忘，執念還與日俱增。也就是說，離世之後的靈出現了兩極分化，分成了兩種類型。

死後的靈，多半會在早逝的父母、親屬、友人以及守護靈的引導下，前往四次元世界的集合地，在那裡被要求反省這次轉生世間的人生旅程。

此時的反省，是以靈性的尺度為基準，觀察在自己的人生中究竟有何過錯。換言之，就是對以肉體為中心的生活方式進行徹底的自我反省。如果在這次轉生於三次元的過程中，未能對以肉體為中心的生活方式有所覺悟，這個靈便會自己選擇前往四次元世界中的地獄界，去接受更嚴格的試煉。

此外，假使在這次轉生中沒有獲得靈性的覺悟，不過在進行認真地反省，不隱瞞錯誤，誠實地悔改之後，這些靈也可以進入四次元世界中和諧的精靈界。

綜上所述，往後的人生將在哪一個世界度過，取決於前一世持有肉體時，自己抱持著哪一種人生態度。也就是說，我們並非接受閻王的制裁，而是每一個人以自己的良心、善心和佛性，對自己做出裁斷。

人們之所以會在地獄修行，是此人自知修行不足，與守護靈商議後出於自願的決定。但也有許多地獄靈，因為在地獄中生活過久，受了太多苦，忘記當初下地獄的決定中也包含了自己的意志，而一味地怨聲載道，叫苦連天。

只不過也有例外。有些兇殘的人死後別無選擇，直接落入地獄。因為這類人曾在世上橫行暴虐，對他人產生了嚴重的不良影響。譬如說，行惡不改的黑幫、流氓等，均屬於這一類。

四、天使的職責

當今，有許多有學識的人，對天使存在的這件事都搖頭不信。即使是虔誠的基督徒，已經明白其中道理，有些人還是難以感受天使的存在。

基督教有「聖父、聖子和聖靈三位一體」之說。一般的基督徒，即使能在一定程度上理解「為父之神」和「神之子基督」的意思，但對「聖靈」是指什麼，就不十分清楚了。

或許有人會認為，所謂天使和惡魔等，只不過是在《格林童話》這類童話故事中出現的角色，不可能在現實中出現。大多數的人聽到這種話題，恐怕都是付之一笑。

然而實際上，天使和惡魔不僅僅出現於童話中，無論是古今東西，先進國家或是發展中國家，都有關於天使和惡魔的講法和記述。這是因為，天使和惡魔是實際存在的。

簡單來說，所謂「天使」，即是「高級靈」的總稱。「高級靈」也分有不同的階級和層次。天使、諸天善神，存在於六次元光明界中，上層階級以上的世界。此外，菩薩和如來境界的靈人，也被稱為天使。我將在接下來的章節，對此做具體說明。

不同的天使，有不同的任務。一般來說，靈格尚位於初階的天使，負責拯救剛離開世間的靈魂。與其說他們在說法，不如說他們更重視在現實中救濟人的心靈。

這些負責引導、教育剛離世的靈魂的天使，數量有幾億之多。每個人生前的思想、信念或宗教都不盡相同，所以前來引導的天使也不同。基督教徒是由基督教系統的天使來引導，佛教信眾則多是由佛教系統的菩薩來引導。這個前來引導的靈，將以被指導者容易接受、相信的姿態出現。

「天使」絕不僅僅是靈界中的靈人，眾多天使為了達到「自身的靈魂修行」和「淨化人間」的目的，會以數百年到一千年為一個週期，不斷地轉生到世間。並且他們轉生的目的之一，也可以說是為了讓自己不至於忘記了作為肉體之人時的感覺。

假如天使在靈界生活過久的話，會容易變得無法理解人的思想和心理。為了成為更好的教育者，天使有必要親身體驗世間的生活。當天使具備了世間生活的經驗，便能做到對機說法和引導眾人了。

剛離開世間、進入靈界的靈魂，首先會實際感受到天使的存在。一開始，此人會看到耀眼的光迎面而來。如果生前是基督徒，那麼前來迎接的便多是有翅膀的天使；若生前是佛教信眾，便會有僧侶前來迎接。信仰日本神道系統的人，則有可能見到像神主（譯注：主持神道宗教儀式之人）一樣的光。

無論天使以何種形態出現，都是放射著光輝，有耀眼的後光。即使是生前從未相信過佛神的人，在高級靈的面前也自然會合掌，誠心地接受佛神之光。因為每個人皆有相信高級靈、佛神存在的本能。

五、新的起點

離開了世間的人，在天使的引導下有了靈性覺悟後，便能夠向新的旅程邁進。這個新的旅程，對於仍帶著世間肉體人感覺的靈人來說，是個嶄新的世界。另一方面，某些靈魂在轉生世間時，也會遇到未曾體驗過的新感受。無論是高級靈，還是未發達、尚需要努力進化的靈，在母體懷胎、出生後，都同樣要從零開始，經受新的磨練。

人離開世間，進入靈界的新旅程，意味著在世間幾十年的生活已結束，此人已從人間學校畢業，考入了新的學校、讀新的教材、聽新的課程、走新的道路。進入了四次元世界的靈人，首先要徹底接受「何謂靈性存在」的教育。

在聽到天使，以及比自己早逝的親屬、友人之靈對自己的說服之後，便會產生自覺。對每個人來說，這是對今後將進入的靈界生活的一大指標。

只不過，很多人在道理上可以理解，但等到處於不同的環境中時，卻忘記了什麼是真理，於是，便需要有靈人來做引導和教育。

有些人在進入靈界時，需要從地獄界重新出發。然而世間之人應該明白：「靈界的結構並非單純的地獄和天國兩分的世界。」這是靈性知識最基本的概念。

假如將地上世界比做是三次元，便可發現地獄不過是四次元到九次元、十次元等更高層的世界當中的一小部分。具體來說，地獄只是四次元世界中一個惡性意念的巢穴，完全無法與天國整體相比。

例如，雖然世間有許多不同的種族，但絕不會有「病人」種族。在正常情況下，病人只會占一定的比例，社會為了治癒這些病人，而設立了醫院。同樣地，在靈界，也有患了心病的靈人，他們需要在地獄做嚴格的修行。

總之，在心、精神上患有病症的靈人之所以會落入地獄，自然有其在地獄經受試煉的理由。

我們可以教導健康的人駕駛汽車、騎腳踏車、跑跳等運動方法，但這些動作對病人而言難度太高了，病人首先要學習的，是類似如何撐拐杖的基本復健訓練。

進入了四次元精靈界的人，會看到在人間不曾見過的不可思議靈性能量。比方說，像是傳說中的水怪、龍和精靈等等。

靈人在「耳目一新」的世界中，會逐步加深對這些新感覺的認識。

六、靈的本質

本節將探討什麼是「靈的本質」。

脫離了肉體的靈，最初對靈的本質很難有所自覺。譬如，死後的靈在三次元世間附近徘徊時，會發現生前可以用手拿到的東西，現在想抓也抓不到了。大多數的靈對於這樣的事實，會感到難以置信。

雖說徘徊的靈尚未察覺到自己已成為了靈，但畢竟是來到了非人間的世界，漸漸地就會認為這些現象理所當然。回到了靈界後，透過反省和自我評價，最後決定自己究竟應該去天國還是地獄。

決定前往天國或地獄的基準，在於是否能認知到自身的真實價值與本質。這個基準，能夠讓每個靈決定自己的去處。

即使是不相信靈界的人，也或多或少透過各種漫畫、傳說和小說等，在一定程度上對靈界有所瞭解，只是在真實度上還沒有足夠的認識而已。

到底什麼樣的生活方式能使人朝向更高的境界進化？又或者是怎樣的生活方式會使人落入地獄？對此問題，至今幾乎沒有明確、易懂的教義。此外，即使是相信靈界存在的人，若讓其從靈性的觀點來觀察，也難以分清自己的生活方式到底是屬於天國，還是屬於地獄。

對於這個問題，世人有一種最簡單的思考方法。這就是參照所謂的戒律來決定「有罪」或「無罪」，由此得出「犯下罪孽多者下地獄，罪孽少者上天國」的結論。

這是自古流傳下來的思考方法。在近幾千年的人類史中，無論是哪個國家或民族，都有這種想法。例如著名的「摩西十誡」，或是更早的美索不達米亞（Mesopotamia）文明時期的《漢摩拉比法典》（*Code of Hammurabi*）等。

現代社會建立起了法律制度，但追溯法律的根源，畢竟還是來自諸光明指導靈所傳達的法。只是人們不可能簡易地說明這個真理，所以才以戒律等形式來教育大眾。換言之，戒律是明確的是非行為規範。

於是對大多數人而言，包括相信靈界的人在內，如果能具有「檢查自己是否有違反戒律的行為」的觀點，那麼天國和地獄也就比較容易理解了。

單從「區別事物的善惡之難易度」上來講，以戒律的形式來判斷，的確讓人比較容易理解。例如典型的戒律「不殺生」，意味著「殺人者下地獄，不殺人者可升天」。或是「不偷盜」，則意味著「偷盜者下地獄，守此戒者可升天」，這種二分法式的思考方法。

當然，不能一概而論地說這樣的方法很幼稚，因為其中也確實包含著真理之光。

但是我們必須明白，戒律並不是真正區分天國與地獄的基準。

因此結論是，上了天國的靈，畢竟是在世間六、七十年的人生中，醒悟到了自身是佛子的靈性本質。人越能發揮這個本性（佛性），就越能向更高的精神世界進化。相反，下了地獄的靈的共同特性，就是都沒有覺醒到自身具有佛性，是在這種「無明」狀態下離開世間的，所以要在地獄界接受嚴酷的試煉。這，就是心靈的實相。

七、未知的世界

即使是個對靈界有一定程度瞭解的人，當此人親眼見到真實的地獄時，也會受到很大的衝擊。

在各地的傳說中，對於地獄有各式各樣的描述，例如地獄裡有奇形怪狀的鬼面靈人，或是舞刀弄棍殺氣騰騰的惡魔。如果這樣的場景真實地呈現在面前，不論是誰都會驚恐不已。

在色情地獄中，有許多靈人在血池裡痛苦地翻滾著。

在餓鬼地獄中，有許多瘦到皮包骨的靈人痛苦地呻吟著「想吃啊、好想吃啊」，不停地要求別人施捨。

畜生道地獄中，有像作家芥川龍之介筆下所描繪的人非人，獸非獸的人頭獸身的靈。此外，也有像大蛇一樣盤踞在地獄地面的靈。

這些在痛苦中的靈，不明白為什麼自己會變成如此慘狀。因為他們沒有認識到自己的靈性本質，靈界是一個動念即成現實的世界。

他們在生前不知「心中所想的，在心的世界中即已實現」的道理，所以認為「反正外界看不到自己的內心在想什麼，所以不論在自己的內心如何思考也都無所謂」。

這些在持肉體時，抱持著厚顏無恥心態的人，當他們回到靈界後，發現自己無法再掩飾心中的醜態時，將會感到驚愕不已。

如果在地上世界生活時，一懷有嫉恨心就會立刻變成蛇一般的醜態，那麼人們就容易察覺到自己有何過失了。然而在三次元法則中沒有這樣的現象，所以生前不容易認識到自己的過錯。

在靈界，心念即現實。如果心中總為如何追求異性而煩惱的話，這個人在死後就會落入色情地獄繼續追求異性；如果生前像狐狸那樣狡猾行騙，到了靈界也會是一副狡猾的狐狸樣；如果像蛇那樣總是對他人嫉恨在心，在靈界中就仍然是一副蛇態或變成其他各種獸形。

這些變成了動物靈的靈人為了逃離地獄之苦，會從地獄逃脫，暫時附身在世間生活的人身上。

他們不是附身在毫無關係的人身上，而是會附在具有地獄性心念的人的身上。世人的心念和思緒可以千變萬化，當形成了地獄性的心境時，就自然會招來地獄靈附身。

在心中出現了色情地獄念頭的人會招來色情地獄靈；在心中形成了動物地獄畜生道的人會招來動物靈；在心中形成了無間地獄的人、有思想、宗教性的心病、對眾人做過錯誤指導的人，會招來在無間地獄中的偽善思想家、宗教家的地獄靈。

總而言之，地獄存在於心念的世界中。之所以會有地獄靈前來附身，正是因為在地上世界生活的人，心中有地獄界的存在，所以地獄靈才能夠潛入人心。人們應該認清這個靈界構造的奧妙。

八、永恆的生命

在地獄界經受著痛苦的靈，都有一句固定的台詞：「與其忍受這副醜態的折磨，不如殺了我痛快！」

這些地獄靈，總是咒罵和誹謗佛神，惡言惡語無止無盡。有的地獄靈會說：「讓我像蛇一樣活著不如殺了我」、「讓我在色情地獄的血海中掙扎，不如痛快地殺了我更好」等等。

落入無間地獄、彷彿被關在漆黑洞穴中的地獄靈會說：「既然今後的路極為痛苦，不如自我了斷！」

我曾經透過靈視，看過許多在生前被稱為大宗教家的人，落入了無間地獄。他們在黑暗深淵的沼澤裡經受著痛苦，其中有許多人甚至是至今已傳了兩、三代的宗教團體的教祖。

他們不明白自己為什麼要承受這般痛苦，逕自認為「我指導過幾十、幾百萬的民眾，為什麼自己卻落入地獄中」，覺得非常不滿。還會說：「與其受苦，不如了斷。」他們這樣說，是因為不知道自己會有怎樣的將來，也不知道自己要在這漆黑的世界裡痛苦多久。

靈魂生命是永遠延續的，是永恆的生命。永恆的生命對於過著和諧的生活、懷著美麗的心靈、死後能返回天國的人來說，是無上福音。因為，在美好的世界中，能夠達到生命的美滿。

可是，對地獄靈來說，永恆的生命本身卻是一種懲罰。地獄靈想透過痛快地結束生命，來逃脫地獄之苦，但是生命不會結束，所以生命本身就是對地獄靈的懲罰。

如果人們都能夠認識這個心靈世界的實相，就可以明白在世間生活時，若持惡念和做惡事，其實在結果上是對己不利的。

如果不相信生命是永恆的，認為在世間的生活就是整個生命期的話，那麼自然就會放任自己，甚至不惜傷害他人以為己謀利。只不過最終卻事與願違，這樣做的結果，換來的是地獄的痛苦。若及早明白這個事實，知道這麼做會使永恆的生命變成永遠的痛苦的話，至少就能看清這對自己是不划算的了。

從另一方面來講，如果知道生前行善能夠累積在靈界的福份，可以保證在靈界過幸福生活的話，那麼任何人都會想：「自己為何不多在世間做些好事呢？」

在世間做一件好事，相當於在靈界做十件好事。在世間修行是很艱難的一件事，因為靈魂要在被「矇上眼睛」的狀態下修行。所以在世間中像盲人一樣試圖去摸索，活出天國境界的生活，比在靈界修行有著五至十倍的價值。

在世間的數十年間，活出天國一樣幸福生活的人，回到靈界後能獲得十倍左右的回報。也就是說，世間的修行具有極高的價值。

相反地，如果認為在世間行惡無所謂的話，這些惡行、惡念在靈界會變成五至十倍的懲罰，這個事實不容忽視。

如果真正關心自己，就不會為了受表揚而行善、不會為了不受懲罰而不行惡，而是會自覺地杜絕惡事、惡念而專行善事、善念。認識了真正的人生觀和世界觀之後，便會自然地走向正路了。沒有人會情願做對己不利之事。

落入地獄的人，應該更不願做對己不利的事才是，但地獄靈沒有認識到自己的所作所為是對己不利的，所以應該讓他們早日建立起真實的世界觀。

九、過去世的記憶

前文對天國和地獄的實相，做了多方面的論述，不過對於回到四次元世界的靈而言，最令他們驚訝的，是能夠回想起過去世的記憶這件事。對這些靈來說，這個體驗既驚又喜。

一個人出生，從上幼稚園、小學、國中、高中到上大學，隨後成年、老去，在這段期間累積不少人生經驗。可是從靈界的觀點來看，真正的人生經驗並非如此短暫。

在人的心靈中，銘刻著數千、數萬、數億年悠久歷史的記憶。當每個靈魂回到靈界，這種記憶便會甦醒，並且再次認識到自己從悠久以前開始，就是作為人而修行至今。

然而，在地獄中的地獄靈很難回想起自身的過去。因為地獄是個非常嚴酷的世界，眼前的痛苦使地獄靈心無餘力去回顧自己的過去。

這好比是要一個牙痛得要命的人，立即去回顧、反省自己的過去一樣，可不是一件簡單的事。雖然，讓在痛苦中掙扎的地獄靈，回想起自己的過去世是可能的，但事實上很難。

反之，回到天國的人們，便能輕易回想起過去世的記憶。

不過，靈與靈之間有著能力程度的差別。如果是平凡之人，最多能回想起前兩、三世的事情，並且感覺到這個記憶既遙遠又模糊。

而高層次進化了的靈，便會有比較明確的記憶。菩薩能回想起幾萬年前的記憶，如來則能回想起幾十萬或幾百萬年前的過去世。

九次元大如來能回想起天地創造的悠久歷史，能一件一件清晰地回憶起自身在悠久的遠古之誕生、地球之誕生、人類之進化過程等。

不同的靈，對過去世進行回想的領域就會不同。

這就好像攀登瞭望台一樣，攀得越高就能看得更遠，站在低處就只能看見眼前的景色。相同道理，地獄界漆黑得像地下室一樣什麼也看不清。

所以，既有能回想起前世的人，也有能回顧起自身有過幾層轉生的人，還有在自己的靈魂記憶中保持著幾十、幾百代轉生記憶的人。其實這隱含著相當神祕的色彩。靈性的自覺越豐富，就越能夠真正地看清過去、現在和將來。

十、進化之道

至此，我們從多方面闡述了靈魂離開三次元世間之後，來到靈界四次元時所見的靈性生活情形。也許會有不少人對此存疑，「這種靈界構造的依據何在」、「天國和地獄存在的理由是什麼」、「難道在世間就沒有更好的心靈教育了嗎」、「既然有靈魂生命，為何還有持肉體生活的必要呢？不管在世間還是靈界，都以靈體的姿態出現不是更好嗎」等等。

靈魂脫離肉體時，好比是蟬脫殼羽化一般。蟬的幼蟲在地下沉睡了數年之久，才爬上樹幹，最後脫殼，飛向天空。又比如在枝葉上蠕動的醜陋毛蟲，不知何時變成了蛹，接著竟蛻變成五彩繽紛的蝴蝶。這些變化的現象，實際上是佛為了讓人認識輪迴轉生，才創造出來的。人類能夠從改變姿態的過程中獲得進化。

毛毛蟲變成蝴蝶如此神祕的過程，誰也無法否定是佛所創造的。醜陋的毛毛蟲扭著身體爬行、啃食樹葉，最後在某一天羽化變成了花枝招展的蝴蝶，在空中翩翩飛舞。這蝴蝶飛舞的姿態，暗示了人類的靈性進化。

佛為什麼要創造出這些多姿多彩的形態呢？

我們可以說，這些都是佛慈悲的體現。由於蝴蝶的前身曾有過在地上爬行的不自由，飛翔在天空時才會顯得美好、舒展。佛透過形形色色的事物變化，向人們進行某種心靈啟示。

在靈魂轉生的過程中，雖然不會有人想去當蝴蝶，而自願放棄做為人的機會，但從在天空自由飛翔的蝴蝶舞姿中，有著轉生為人難以品味到的幸福感。這是佛賜予蝴蝶的幸福和慈悲。

與上同理，寄宿在不自由的肉體中的靈魂，最終要脫體還原，成為原來的靈魂之姿。那時，就會成倍地感受到自身存在的真正價值了。

在世間生活中，要忠實地實現自己的想法是很難的，因此，人很容易焦躁，感到疲勞和無力。但靈界卻是「心念即現實」的世界，體會到了這份幸福的靈人，自然能體會到這遠比世間生活更加美好。

在佛創造的靈界與世間之結構中，有靈魂進化的光明道。如果沒有經過「脫皮」的磨練，沒有通過向著更高層次努力的過程，就不可能獲得真實的幸福感。

所謂靈性，即具有與佛相同的本質。而且每個人都能夠經由自身的感受，體會到這個本質的存在。這種體驗即幸福，所有的人都生活在這幸福之中。

即使有些靈魂曾經受了一、二百年的地獄之苦，但如果將眼光放遠，就能夠明白這也是對自身靈魂進化的磨練過程。置身於自身最顯著的缺點中，做徹底的反省。

若以貫穿靈魂進化的過程觀點來看待人生，接受地獄試煉的靈，本性也並非邪惡，他們也同樣是在進步的旅程上。

然而，這不是說我們可以忽視地獄的存在。地獄生活非常痛苦，想要讓地獄靈盡早脫離痛苦，就應該指導他們認識自身的錯誤，使他們走向正確的道路。這是正確的方法，也與佛心相應。

有些地獄靈需要他人伸出援手，再加上自己的努力，才有辦法脫出地獄。但也有些地獄靈僅靠自身覺悟，便能夠改過自新。

有時會感覺有一些靈退步了，但從長遠的角度來觀察，就會發現每個靈魂最終都是向著佛的境界進化。這是無庸置疑的事實。

第二章

五次元世界

一、善人的世界

前一章，我們從多方面闡述了人的靈魂在離開了肉體後，步入靈界初期所面臨的情形。本章則將描述四次元世界之上的五次元世界。

在當代物理學領域中，已逐步開始理解到，「人類所生存的三次元世界，存在於四次元、五次元、六次元、七次元、八次元、九次元等多重次元構造之中」。三次元世界被包容於四次元世界中、四次元世界被包容於五次元世界中、五次元世界亦被更高次元囊括。這好似洋蔥一樣的多層次宇宙結構，為我們提示出了一個高次元囊括低次元的世界觀。

如果每個人都能靈魂出竅，遊覽靈界的話，這個事實也就明白易懂了。四次元靈人並非存在於和三次元世界截然不同的世界中。四次元和三次元世界彼此共存於大宇宙之中，且四次元對三次元世界有著各種影響。在四次元世界之上還有五次元世界的存在。

宇宙中存在著一個有趣的法則，那就是，高次元靈人能夠影響低次元靈人，而低次元靈人無法影響高次元靈人。五次元的靈人能自由出入四次元世界，透過各種方法指導四次元的靈人。但四次元靈人除了特殊情況外，原則上無法前往五次元世界。

單從理論上來看，也許不太容易領會，親身進入靈界時便一目瞭然。

靈界中存在著靈性層次。不僅佛教這樣講，在神祕學、神智學或古籍中也均有記載。這說明了「世界」不僅僅是「世間」和「靈界」兩個單純的部分所組成的，靈界中也有各種層級。並且不僅是平面的區隔，在空間上也有上下之分。

歐洲的近代著名靈能者斯維登堡（Swedenborg），曾在其靈界探險記中如此描寫：「向上望去，像是有一層看不見的透明薄膜籠罩在天上，而且在上面似乎還有更高層的世界。」當然，在現實中不會有如此的視覺，但實際上整個宇宙存在著這樣的靈層。

以下，讓我們來看四次元居民，與五次元居民到底有什麼不同。

四次元世界還只是靈界的第一個階段，這裡的居民相當於一年級學生。他們在對靈與肉體、魂與物質之關係等等的問題上，尚未有充分的認識。四次元居民容易將肉體生活感覺與靈界生活感覺混淆，並在這樣的狀態中生活。

四次元的靈人同樣能夠進化，快者只用幾天或幾年，慢者則需要幾十年甚或幾百年的時間。進化了的靈可以在天使、守護靈或指導靈的引導下進入五次元世界。

綜上所述，五次元世界是個「盡善的世界」，是善人的世界。五次元世界中沒有惡。聚集在這個世界中的靈人，均把「善」作為心的指標。五次元居民的靈魂傾向是棄惡揚善，並且能夠在一定程度上理解到「善」是佛神對諸靈的期待。這就是五次元世界。

二、精神性的醒覺

五次元世界的善，並非單純指善惡觀的善，而是指對佛性的醒覺之善。明確地講，這裡的居民均有精神上的覺悟。

在三次元世間，精神與物質共存，所以人們生活在如此環境中，常常容易考慮到，「怎樣做工作才能有飯吃？怎樣做事才能賺到工資？需要買哪些生活用品？哪些沒用的東西需要清理」等問題。

雖然生活在以物質為中心的世界裡，但如果某人能在平日的晚上或者是假日，試圖去追求精神的食糧，世人就會認為此人是優秀的。

當然，有不少人在現實中感覺不到這種精神性的喜悅，寧願沉溺在吃喝嫖賭等享樂之中。但是絕大部分的人，會因為感覺不到心靈的喜悅，便透過閱讀、欣賞音樂、繪畫等活動，以減少某種精神性的鄉愁。實際上，這是一種對「本來的世界」的一種鄉愁。

五次元世界被稱為「善人界」，或者是「精神界」。因為來到五次元世界的人，都是具有精神性醒覺的人。五次元的居民對自身是靈性存在有著相當鮮明的自覺。

另一方面，四次元世界統稱為「幽界」。位於幽界的居民，在靈性覺悟上雖有程度之別，但共同點是尚無法完全透徹理解靈性的本質，也尚未認識生命存在的靈魂實相，也不知「求善」之意願來自於靈魂的本質。

然而，來到五次元善人界的人，都能夠認識人的靈性本質，並知道在任何人的心中都存在著某種「求善」的意願。此外，人們對佛神的信仰雖然尚不十分明確，但每個人對佛神都有信仰心。雖然，他們的信仰對象有區分為信佛或信神等等的差異，但每個善人界的靈，均在某種善良的宗教信仰心之下生活。並且，他們能夠感受到佛神之臨在，為佛神而活。

雖說五次元善人界位於靈界，但那裡也有類似世間的各種職業。有許多不同職業的能工巧匠，整日忙碌著。與世間不同之處是，他們是為了滿足別人的需求而工作。

五次元善人界的人的工作中，雖然有許多跟世間工作很相似，但他們工作的目的已不是為了賺錢，而是為了從中體會佛神的喜悅心，進而感受自身靈魂的喜悅。

三、心靈的喜悅

來到四次元幽界的靈，首先會產生「靈魂的震驚」的新鮮感，體會到靈體遠比肉體自由，但還不能充分品味到「靈魂的喜悅」。然而在五次元善人界則能進一步獲得靈魂的喜悅感。

由於在四次元幽界中的生活，尚且無法明確地分清世間與靈界的區別，所以居住在這裡的靈，還留有肉體和穿著等感覺，仍屬「幽體狀態」。

然而，到達五次元的靈，則已拋棄了這些執念意識，靈魂本身也隨之漸漸變得更「精妙」。

這就是說，五次元存在的魂性傾向比四次元存在較為鮮明。靈魂本身即是人的意識體，五次元世界的靈魂，在拋棄了肉體人的意識之後，便能初步體會到靈魂的喜悅。

這「喜悅」是指什麼？靈魂又能夠感受到何種程度的喜悅？大致上來說，我們可以將心靈感受到喜悅的時刻分為兩種。

第一，是感覺到自己成長時，心靈會喜悅。

那麼，何時會感受到自己有所成長呢？那就是發現到自己是「善者」之時。當你感覺到自己對他人有幫助，發現自己是有用之人時，心靈便會喜悅。世間的人也是一樣。如果聽到別人對你說：「多虧你的幫助，才會有今天的我」、「托您的福，才使我有了進步」等，確認自己對他人做了有益的事時，內心就自然感到喜樂。靈魂在確認到自己是有價值的存在時，這個進步感就能化為心靈的喜悅。

把目光專注在自己身上，視野會變得狹窄。然而，一旦感覺到自己能為他人增添喜悅，就表示自己的生活已超越了個人範圍，自己過的是「無私的人生方式」，也說明了自己的視野在擴大、人生在進步。

由此可見，第一個心靈喜悅的時刻，是確認到「心善的自己為他人增添了喜悅」的時刻。

第二個靈魂喜悅的時刻，則是獲得新知識之時。

第一是有益於他人，第二是有了新知。

請注意，這個「新知識」，不是指在學校考試等方面的學識，而是指「對佛創造的世界有了新發現」。當人有了這種發現時，心靈便會喜悅。

靈魂具有多種性質、能力和力量，但五次元的諸善人尚不能徹底認識靈魂具有的一切。譬如，在靈界生活時，不需要透過飲食來補充生命的能量，但在五次元世界中，仍然會有一些靈人透過「吃」來體會人生的樂趣，或者去做一些與生前的工作近似的事，來感受人生的意義。

在五次元世界生活，最終必能領悟到：「原本的生活方式未必正確，原來不飲不食也能夠體會到真正的喜悅。」

為了幫助各位理解，我再進一步比喻。譬如，拿馬鈴薯來說，在五次元世界看到的馬鈴薯，和在世間看到的馬鈴薯不同；它不是物質，只是己心當中的一種靈性的印象。因此，心的狀態越富有，就越能豐收。

在農業上，有許多經科學改良的種植方法，但在靈界就未必需要這些栽種法了。只要誠心誠意地栽培，就能獲得好的果實。

五次元的生活能使靈魂逐步認識靈界的構造，認識到「心念即成世界」的靈性本質。這種「認識」，即心靈的第二個喜悅瞬間。

四、光流

如上所述，心靈在兩種時刻會感受到喜悅。第一是感覺到自己對他人做了有益之事時，第二是獲得了靈性知識之時。接下來，我將深入講解靈性知識。

雖說居於四次元幽界的諸靈，尚未能充分理解靈魂是「佛光的分光」這項本質，但五次元善人界的諸靈對此會漸漸覺醒，認識到光的存在有強有弱，並體會到佛光是流動的能源實體，與燈光、燭光不同。

五次元善人界的諸靈，能認識到光的根源發自何處，並發現高空有一輪太陽。它是「靈太陽」，與在三次元世界所見的太陽不同。

三次元世界的太陽為地球供給熱能，而靈太陽，是太陽的靈性生命體。這就像是肉體中存在著靈魂一樣，物理的地球中也蘊含著一個偉大的「地球意識」，同樣，物理的太陽亦有一個偉大的靈體。

在放射著物質性光線的太陽內部，有一個放射著靈性之光的巨大靈體。靈界的靈太陽，實際上就是供給地上世界溫暖的太陽的靈體。太陽不僅給予地上世界熱能，在靈界也同樣照射著靈界，供給著靈性的能量。而地球做為太陽系當中的一員，也接收那來自掌管太陽系的巨大靈性意識的能量，進而能夠遂行自身的使命。

存在於太陽當中的能量體，即是太陽系當中的恆星意識。在十一次元的恆星意識中，存在著太陽系意識靈。

而這太陽系意識靈，透過地球十次元的三個行星意識，意即「大日意識」、「月意識」、「地球意識」，向地球傾注著七色之光。

隨之，地球系九次元的十位大靈，進一步將這靈太陽的能量做各種分光，將諸光流灑向世間和靈界。

雖然五次元善人界的靈人還不能充分認識這一實相，但已能夠明白靈界的太陽與地上世界的太陽一樣，供給著生命的能源和力量，並能夠認識到自己是接受了靈太陽的能量，才得以生存，才能產生出生命的活力。

五次元世界的居民，從不忘記靈太陽之恩，諸靈常面向靈太陽進行祈禱，並且在這感謝之心的基礎上，建立了對佛神樸實的信仰。

五、愛的感情

此外，五次元世界還具有一個特徵，即靈魂能夠萌發出「愛」的感情。在世間中有男女之間的愛、親子之間的愛、朋友之間的愛和師徒之間的愛等等，相較之下，五次元善人界之愛的感情，比世間要純潔得多。

以世間的理論，很難對「愛」做出具體的說明，但在靈界，愛是非常鮮明的實體。如果愛著他人，這個愛的波動便能直接傳達給對方。隨之，對方在感受到了這份強烈的愛之後，高興的心情之體現便是心靈的喜悅。

而在世間生活中，愛的感情就不是那麼明確。有人會為對方是否真的在愛自己而煩惱萬分。男女之間經常會有這種不明確的「情網」，看不清對方是否在愛自己。不管事實如何，即使對方愛著自己，也會胡思亂想，推測對方沒有給自己一份特殊的愛，最後反倒得出了悲觀的結論。

然而，五次元善人界對愛有一個衡量的指標，很容易判斷自己是否被他人所愛，自己的感情也可以直接傳達給對方。

譬如說，在一個十坪的房子中點上日光燈或電燈泡，兩者的差別一目瞭然。又譬如，電燈泡也有六十瓦、一百瓦、二百瓦的差別，一開燈便知其差異。相同地，五次元中之愛的感情，一下子就能明瞭。

五次元善人界是「以心傳心」的世界，是心念能夠如實傳達的世界。這也正是地獄靈無法進入五次元善人界的理由所在。

地獄靈的心裡充滿了憎恨、嫉妒、牢騷、憤怒和貪欲，若這樣的意念毫無掩飾地傳達給對方，這裡就絕不是天國了。

五次元善人界的所有居民都懷有愛的感情，雖說在量上有多與少、高與低的差別，但每個靈都放射著愛之能量。

掌握了愛的實感，就能夠接受六次元以上靈人的指導，進一步理解愛的本質。

五次元世界的教育課程主要內容是：「愛像一股電流，能夠溫暖心懷，這個愛的喜悅，實際上就是佛心的體現。」

雖然五次元之靈還沒有明確地認知「何謂佛」，卻能夠感受到佛的真實存在。在此，高級靈會對五次元的靈諄諄教導：「你一定能感受到這份愛，它的根源來自高次元靈界的靈太陽。這個靈太陽，無償地供給著熱能，供給著生命之能。這無償的愛就是慈悲，就是佛神的體現。」「相互地施愛吧！愛的波動能夠打動心胸，激起內心的喜悅。這份喜悅，說明每個靈魂均具有佛性，說明每個生命都生存於佛的生命體之中。」

然而這些內容都還只是關於「愛」的初級教育，尚且體會不到像菩薩界那樣向他人施予的喜悅。五次元世界只是建立起了「何謂愛」、「愛的感受是什麼」、「何謂施愛」等基礎感情。

透過學習，認識到了「愛如何美好」之後，便能逐步明白「愛不是建立在自我保存和利己主義之上」。

六、悲哀和痛苦

自古，世間便有「天國永遠是樂園，沒有悲哀和痛苦」的看法。然而，在除了地獄以外的四次元世界和五次元世界中，悲哀和痛苦是否真的消失了呢？一般人通常認為，「悲哀和痛苦是地獄特有的，不存在於天國」。那麼，是否可以有這樣的疑問：「人會流淚、哭泣，是佛未曾預計的表現嗎？」或者說，「天國的人是否只會笑不會哭呢？」我們首先從這方面開始探討。

不能否認的是，喜怒哀樂是人的基本感情表現。雖說喜悅的反面是悲哀，但有了悲哀就能說沒有喜悅嗎？然而，這樣的反證還解決不了問題。

自古以來，世人就在一元論與二元論之間爭論不休。若以一元論的立場來看，就會有人說：「惡之為物，乃因無善」、「寒冷是不存在的，那只不過是沒有溫暖的結果。」美國光明思想家愛默生（Ralph Waldo Emerson, 1803-1882）就是這麼認為。

的確，這種理論從某一方面來看有其道理。寒冷是由於沒有溫暖，惡是由於沒有善。但是，光憑這個道理還是解釋不了許多問題。

譬如說，悲哀往往會伴隨著淚水，但如果說流淚一定是因為「沒有喜悅」，那倒未必。淚水不會只因為沒有喜悅而流下來。所以，各位必須認識到「悲傷」還是存在的。

我們可以一同來思考，在快樂的反面有無痛苦的情緒呢？能說快樂是一種實在，而痛苦不是嗎？是否在沒有快樂的地方就是痛苦呢？說到底，不可能沒有痛苦。譬如，汗流浹背地打了一、兩個小時的網球之後，能獲得一種輕鬆爽快的感覺。但在此之前畢竟在事實上有過流汗的現象，後來的爽快感可說是先前肉體疲勞痠痛對照之下的結果。

如此來看，就不能不說在世間和靈魂世界中有二元性的存在。致極的佛是光一元、善一元、愛一元的存在沒錯，但佛在創造三次元地上世界，和四、五次元等下層靈界時，是以靈魂的進步和向上為主要著眼點的。

靈魂的進步和向上，多存在於相對性的世界之中。如果沒有相互切磋和磨練等過程的話，進步將會變得十分困難。而在一元論的世界中，在只有喜悅的世界中，看上去雖似完美，但從某種意義上來講，也可以說它是缺少磨練機會的世界。

因此，佛透過這種善巧方便，賜予世間和下層靈界的人們所能感受到的悲哀和痛苦。

例如，即使是五次元善人界的靈人，在「自我實現」的過程中，也會感到一定的困難。五次元的靈人與世間人同樣在祈禱，但最終也同樣會有如願以償或不能如願的結果。五次元的靈人很難認識到自己祈禱的內容是否正當，於是就需要由上層靈人來判斷其祈禱的內容是否應該如願。

當五次元靈人的祈禱、心願未能實現時，也會感到某種程度的悲哀和痛苦。透過這樣的試煉，其靈魂能變得更加堅強。

七、靈魂的食糧

世人有著這樣的觀點：「悲哀和痛苦是迷惑，本來無悲，本來無苦，迷惑以悲哀和痛苦的樣貌出現，不是實在。」對此，我想提出異議。

「根本佛」之所以為根本佛，是因為「根本佛」是一個不再需要進步和發展的至高無上存在。「根本佛」是完美無缺、自然至愛和至福的存在。亦即，極致的善、極致的美、極致的真理。因此「根本佛」之存在本身沒有進步、發展，也沒有喜悅。

根本佛以建造庭院的心情創造了大宇宙。根本佛像是在造景一般，將假山放置在庭園中，挖池放魚和種植果樹，有時讓它結果，又有時讓它長出一些雜草。

從人的觀點來看，一些不完美的事物實際上只不過是根本佛在建一處景觀時醞釀出的情緒而已。有雜草又有何妨，樹有高低，有山丘也有低窪，這些形形色色構成了根本佛的庭院景觀，根本佛從中尋求樂趣。

雖不能說悲哀和痛苦是實在，但它在一定制約下得到了存在的許可。這是事實。

上面已談到，沒有喜悅不一定就等於是在悲哀。光是沒有喜悅，淚水不會因此流下來。淚水有時也會因悲哀的積極作用而流下，當快樂消失時，痛苦也不一定立即就會到來，在痛苦的原因中也會有其積極的一面。

如此，悲哀和痛苦的存在原因，就在於它們的存在本身不被認為是好的。

因此悲哀和痛苦在世間和靈界的四、五次元世界中，有時能夠發揮大跳躍的階梯作用。這也是事實。

在自己的想法難以實現時，容易產生悲哀和痛苦的心情。事與願違時，根據事態的程度也會悲傷流淚。

但是這淚水、汗水，絕不是為了落淚而落淚，不是為了流汗而流汗。這是進步向上的召喚，是清爽感之前的汗水。

於是，我們可以得出如此結論：「雖然有痛苦和悲傷，但痛苦和悲傷是讓我們更加向上進取的試煉。」

玉在石頭當中會更顯光亮，相互磨練能夠促進成長。

雖有悲傷和痛苦，但不會永遠持續，只有作為心靈的食糧時，它們才有存在的價值。悲傷、痛苦之後，終究人還是會向著喜悅、快樂的境界，向著常樂、溫暖的世界前進。

「苦惱只有在能夠成為心靈的食糧時，才有其存在的價值」，這是有益的思考方法。

八、光明者

以上講述了悲哀和痛苦是心靈成長的食糧。接下來，我們來探討它們產生的影響。

我們常聽到這樣的說法：「當人沉淪到了悲哀的深淵時，勇敢地打破底層，此時會放射出一道光明來。」有些人也許會想：「光不都是從上照下來的嗎？怎麼能從底層的縫隙中照射出來呢？」

莎士比亞寫過許多悲劇，實際上他是在透過悲劇向世人提示，在超越了悲劇的底層時，能夠發現人性的本質，以及在本質背後所潛藏的光明。

只有歡笑、快樂的劇碼，還不足以促使人進步。悲劇在某種意義上，有時是一條走向光明的捷徑。

世上有許多人怨嘆自己的命運，認為「為什麼只有自己如此命苦」。譬如，在年幼時失去了雙親、因為貧窮而未能唸書、由於某種原因而不能結婚、與伴侶生離死別、無子或失去了孩子、自己的孩子變成不良少年等等。

世上悲痛之事是例舉不盡的。

這些悲傷和痛苦的不幸命運，是否絲毫不具任何意義呢？它是否是對人有害而無益呢？

人的靈魂在轉生世間之前生活於天國，那是個少有悲傷和痛苦的世界。雖然不能否認在靈界也存在著「自己的願望一時不能實現的悲感和苦情」，但天國中不存在任何積極性的惡。然而，人轉生到世間後，似乎經常遭受到被命運玩弄的不幸。

在《舊約聖經》中有著這樣的記述，約伯在遇到種種災難後，詛咒了神，神回答約伯道：「你考察就能測透神嗎？你豈能盡情測透全能者？他的智慧高於天，你還能做什麼？」

神的這句話，真意何在？

我們可以做如此解釋：神為了讓諸靈魂能夠進化，準備了各種舞臺和道具。

比我們早逝的人，在天國過著幸福的生活。由此可以明白，不可只用世間的觀點來看待事物。

畢竟，接受各種試煉的人，實際上也在同樣程度上接近了光明。

在喜悅之中能夠接近天國，在悲傷的底層也同樣可以接近天國。世人須知，當打破了悲傷的底層、獲得了光明時，天國的境界就會從那裡展現出來。

九、何謂高貴

接下來講述有關靈魂的高貴。

無論是「靈魂的高貴」，還是「高貴的人格」，這個「高貴」意指出類拔萃、優秀超群的意思。

在什麼時候才能感受到靈魂的高貴、精神的高貴呢？

譬如說，一個出身豪門的長子，在生活上有人伺候、嬌生慣養，並且頭腦天生靈活，英俊瀟灑，倍受異性青睞，在社會上也是受人寵愛，處處逢源。此人如此立身處世，結束了一生。

我們能從此人的靈魂中感受到高貴之處嗎？看到了這個人在如此環境下度過一生時，我們能感覺到他很偉大嗎？

我認為偉人之所以被稱為偉人，其理由是，他在人生中戰勝了某種困苦之事，這才是偉大。

在歷史上，有在非洲的艱難環境中，堅毅地進行傳道事業的高級靈史懷哲（Schweitzer）博士；有連小學都沒唸完的世界發明王愛迪生（Thomas Edison）；有出身貧困家庭，但付出了超人的努力，當上了美國總統的林肯（Abraham Lincoln）；有被稱作印度獨立之父的甘地（Gandhi），他也是肩負國家之職責，勇於挑戰大英帝國殖民霸權的高級靈。

當我們在回顧這些偉人的人生時，便能從中發現到困苦的真實意義，理解到「困苦不是單純的障礙物，它是使人生軌跡更加優美的路標」。

我們並非只能從近代偉人的身上看出這層真義，而是自古以來皆是如此。印度的釋尊雖出身於王宮，生活上富裕自在，但他在二十九歲時為了探索悟道而走出了王宮。

如此，為了更高的目標選擇了艱難的道路時，其靈魂就會閃耀出高貴之光。不正是這高貴之光照亮了後人的路途嗎！

我回首瞭望人類的歷史，看到了無數閃爍如星的偉人時，甚感欣慰。

無論是我，還是讀者，在人生的坎途中均會遇到各種困苦，世上經歷過千辛萬苦的人也不勝枚舉。只不過，承受不住困苦的人不能名垂青史罷了。相反地，經受住了困苦的錘煉，並把它當成心靈食糧的人，不都獲得了靈魂高貴的勳章了嗎！

如果在耶穌的人生中只有困苦的話，他的名字何以會留芳萬世？正因為他在困苦的人生中發揮了靈魂的高貴，使他成為了引導後世的真理之光。

十、引導之時

現在處境優越的人應該心懷感謝，並且努力履行使自己的靈魂層層飛躍的義務。即使自己有比人優越的處境，或有比人優秀的才能或天分，也需要付出比他人更大的努力和精進。

此外，即使自己的處境、才能和財產等多方面都不如人，或者自己患了先天性的疾病，身體上有了障礙，也不能因此怨天尤人。如上所述，這些困苦，實際上是使人更進一步向上進化、發展的基石。

怨言和悲嘆能使靈魂得到多少進步呢？當你勇敢地背負起這十字架，痛苦不就形成靈魂的食糧了嗎！不正是在這樣的人生中放射出了光明嗎！

當然，這並不是說必須自尋苦惱，也不需要向神祈禱要求賜予苦難。但我們需要養成能夠經得住困苦錘煉的堅韌毅力。不要為自己的欠缺而悲嘆，應該發現自身的長處，並把它當作武器，勇敢地站立起來。

世上有雙目失明但口才很好的人，有雙腳不自由但雙手靈巧的人，有頭腦不靈活但身體健壯的人，有身體衰弱頭腦卻很靈光的人。

與他人比較，一味悲嘆怨恨自己的不足之前，應該先認清自己被賦予了什麼，如何才能更加發揮自己的長處。在這當中，必定暗藏著能夠解答自己這本人生習題集的提示。

每個人的人生都是一個謎，就像是一本等待你來回答的習題集。但這本習題集亦必定附有解題的提示。當我們從第三者的立場來看自己時，便能發現自己的優點和長處，也能發現自己遠不如人的糟糕缺點。

因此，拿性格、才能以及肉體上的問題與別人比較時，如果發現自己有異常起伏的部分，不須掩飾，其中必有應該如何承受人生考驗的提示。

再來，就應該積極地回答「為什麼自己會被給予如此考驗」的問題。在這段過程當中，今生的修行目的將會明確顯現出來。

雖然在身體上、精神上或能力上有比別人遜色的地方，但如此卻也明確地顯示出，此人今世的人生目的和使命。

對此產生自覺的時候，便來到了「引導的時刻」。一旦對自己的命運有了自覺，燃起鬥志，就能使勇氣和力量倍增。此時，靈界的高級靈或你的守護靈、指導靈就會向你投出偉大的靈力。

這需要從自己的人生當中，發現解開人生課題的提示。當我們在這個提示之下，去解人生的課題時，必定能夠獲得諸高級靈助你一臂之力。

當認識到了靈魂的本質時，也就能夠意識到「必須永遠努力」的意義何在了。人在永恆的生命大河中生存，只有去克服自己被賜予的課題，才會顯得高貴，才能放出光芒，才能獲得靈魂的食糧。

「意識到並掌握了解開人生習題集的提示」之時，就是我們必須慎重正視的「引導的時刻」。

第三章

六次元世界

一、進化的本道

本章將著重講解六次元光明界的實相。

至第二章為止，講解了人死後不久將返回的四次元、五次元靈界。而進入六次元世界，即踏入了所謂的高級靈界。

之所以說六次元世界相當於高級靈界，是因為自古就有「在這個世界中，居住著被稱為神的高級靈」的傳說。

居住在六次元世界的神，究竟是怎樣的存在呢？我想就此做簡單的闡述。

居住在這裡的神並非造物主，也非創造了天地的神，這是不違多論的。在六次元光明界中，沒有創造天地的神。

此處被稱為神的人轉生世間時，他們以其超凡的德、能力，創造出非凡的成績，並讓世人感覺到，「此人似乎非同尋常，雖然無法想像他是怎樣的人，但肯定是個接近神的人」。

譬如，受到日本人祭拜，稱為「學問之神」的菅原道真，是在死後不久即被祀奉入了神社。由於他具有非地獄性的心，所以能夠返回到六次元光明界（但是從另外一個角度來看，世間亦有將非神者誤拜為神之事）。

總而言之，生活在六次元光明界的靈，在世間生活時均是廣受尊敬之人。於是，我們便需要進一步研究，究竟什麼樣的人才能夠受到世人的尊敬。那就是擁有崇高品德，並為世人留下了超凡功績的人。

這樣的人在心靈方面同樣也有極大的進化，比一般人有著明顯的進步。世人會敬畏他的靈能和實力，在此人往生之後，便尊崇其為神明。

此外，在六次元世界中，也有許多靈魂生命悠久的神。

二、知神

延續前文的問題，接下來探討「何謂神」。

長久以來，這個問題是哲學、宗教和神學等領域的一大課題。有人主張「知神可知一切」，有人則認為「人並非被神按照祂自己的肖像創造出來，相反地，神是人們想像的產物，人們想像中的神跟人很相似」。

顯而易見地，這些看法都不能明確地解答「何謂神」。

對此，我想用我在現階段探討的想法來解釋。

首先，我們必須先需釐清「神」這個詞當中，是否包括了創造世界的造物主（The Creator）。

基督教中，有「聖父、聖子、聖靈三位一體」之說。其中，有時把「聖靈」稱為神，有時把「聖子」耶穌基督稱為神，又有時把「天父」稱為神。

一般來說，廣義的神即是指位居於常人之上的靈性存在。因此，廣義來說，可以將「聖靈」稱為神。簡而言之，六次元光明界的神，即是基督教所指的聖靈。造物主之神，則是存在於更高遠的次元之中。

此外，並非六次元世界的所有存在都是神，六次元世界中也存在著不同的等級。生活在世間上的人，很難明確地理解到這種宇宙構造的意義何在。

世人也許會如此想像：「六次元世界的樣貌，就像空中閣樓，被透明屏幕隔離出樓層，每層都有居民。」但事實上那裡的環境並非如此。

作為六次元世界的居民，其必要前提首先是「徹底體悟自身非肉體之人」，而是以「意識體」的型態來生活。

所謂「意識體」是一種能量體，也可以稱其為「電磁波」、「電能」、「氣體」等。意識體是具有個性和某種特色的生命能量體。這就是靈的本質。

之所以說六次元世界的結構有等級之分，是因為生活在其中的生命能量體，彼此波長並不一致。這種等級的不同，不單指上下之別，而是指因波長有差異，而出現上層波長與下層波長之別。

這好比是把泥水注入玻璃杯中，攪拌後不久會逐漸沉澱，從整體上看，上面澄清下面渾濁。同樣地，在靈界，波長粗糙者，其靈體就會有近似世間的物質性比重，因此意識體本身也會下沉。相反，近神者，執著少，意識波長精妙，則能上升。

上述問題可以用波長來討論，也可以從能量體的角度來探討。總而言之，不同波長的靈人便生活在不同的環境中。

三、悟道之階梯

靈界是意識體的存在世界，這些意識有著不同的層次和階段。對這個問題的認識，是走向覺悟的第一步。

「覺悟」一詞，有種種含義。首先須知，人的靈魂生命期長短並非取決於人的肉體壽命。這個覺悟雖屬較低程度，但畢竟是個覺悟。在四次元幽界中，能夠明確地覺悟到「人的生命並非肉體」的靈人尚為數不多。有許多靈人還是以肉體感覺，過著似是而非的生活。

其次，在覺悟當中也有從地獄升入天國的覺悟。即「人不能只思量自我，還必須有益於他人」。這是最低程度的認識水準。

地獄中的靈，以個人為中心，心中只想「為自己好」，生存在只求滿足自我的欲望中。他們認為只要自己好就行了，別人的好歹與己無關。這些地獄靈常會理屈詞窮地強辯：「為自己活得好究竟錯在哪裡？」

在地獄中，這些具有同樣私欲的靈共處了幾十、幾百年後，便會對這種生活感到厭倦，產生要悔改的想法。這是從地獄升入天國所必須具備的最初步覺悟。他們在地獄界待久了，自然會產生想要過安然、和諧生活的渴望。

從地獄升入天國時，首先會返回四次元上層的精靈界，進而是更上層的五次元善人界。這在前文已說明。

我們可以稱五次元世界為「善人界」，或是「精神界」。在靈性、精神性上有覺醒的人、對於「善」的重要性有所覺醒的人，均居住在五次元世界。

雖說是五次元世界的善人，但在其中也還是有不認真探究悟道的人。也就是說，五次元世界的靈人還不能充分地將己心面對佛神。

相較於此，六次元光明界中，所謂的無神論者已經銷聲匿跡了。六次元中的靈人，或多或少都知道「有了偉大的存在，才使人的靈魂得以生存」。只不過，大家對這個「偉大存在」的稱呼因人而異，有人稱其為「神」，有人稱其為「佛」。此外，在認識方法上也有些差異。

六次元世界中有許多僧侶、神主或教會牧師等聖職者，一心一意地追求著佛神的境界。除此之外，六次元世界中還有另一種靈人，亦即生前在工作上完成了進化目的之人。這些人在世時並非明確地追求佛神的境界，而是透過了工作，完成了高度的進化。

在六次元世界中也有許多鑽研學問的人。譬如，未持地獄心念的大學教授和優秀的講師等等。還有諸如醫生、律師、法官等，在世間曾受到尊敬的人。此外，也有一些心地高潔的政治家和高級官僚等，這些人也能返回到六次元光明界。

無論是從哪個角度觀察，這些人均在某種意義上有了進化。比如說，有些人在繪畫和音樂等藝術領域中，增長了藝術的才能，這樣的人也居住在六次元光明界。

六次元世界的住民，主要的工作是什麼呢？

僧侶、神主、教會的牧師等，不時地對在世間生活的人進行宗教性的指導。其中，生前是政治家的靈人，指導著世間的政治家；生前是政府職員的靈人，則指導著世間的政府公務人員；生前是藝術家的靈人，則為在世間上的藝術家提供創作的靈感；生前是大學教授的靈人，會給予在世間上的學子們靈感。

他們一面在做這些工作的同時，一面在自己的專業領域中追求悟道。此外，他們還透過對下次元世界做施予的行為中，獲得「菩薩行」的初級體驗。換言之，即是體驗助人的行為。

總之，在六次元光明界中的通用價值概念是「有益性」。六次元的靈人，以有益於世間的進步和發展，作為生存的價值基準。

這些雖然還不足以說是真正的愛，但應該可以說已經進入了愛的初級階段，有了愛的萌芽。

四、光之海

在這一節，將以視覺形象化的方式，講解六次元光明界。

於彼岸世界，越是向上光亮度就越強，對此，我在許多著作中已解釋過。同樣地，進入六次元光明界時，也會感到光量顯著地增加。

也許有些讀者有過類似體驗。當你走出高山叢林時，視野會豁然大開，可以眺望遠方山下的街景或海岸線等。進入六次元光明界時，就會產生類似的感覺。

我們可以將這樣的場面，形容為「光之海」的景象。初次來到六次元光明界時，強烈的光有可能使你感到昏眩，就像是在盛夏烈日下，眺望閃閃發光的海面時的感覺，要適應一段時間才能習慣過來。其實這不僅僅是個比喻，六次元光明界中的確有非常美麗的海。

六次元世界中有上下層次之別。這些差別還不僅僅是縱向的上下關係，在橫向關係上也同樣有其展開的層面。

在橫向關係上，首先有「表側」世界。六次元世界之所以被稱為光明界，主要是體現在「表側」世界的靈人的特性。表側世界，是靈魂在正確方向上成長、進化的高級靈所居住的世界。

在六次元世界中，除了「表側」世界以外，還有別的世界。

譬如，有「龍宮界」。龍宮出現在許多日本的古老傳說中，那是與水有關的靈界，也居住著眾多的高級靈。這個龍宮界縱向貫通著幾個次元層，但主要以六次元世界為中心，下面與五次元、四次元世界相貫通。

自古傳說龍宮界中不僅有人靈，還有龍等生物。龍宮界中的龍神，是宮中高級靈的使者，他們透過種種自然現象來表現自身的力量，或是在歷史變革時期施展出排山倒海的能量。他們雖不是人靈，卻具有巨大的靈力。

以靈眼觀望到的龍宮界，堪稱是個宏大的世界。身在這個寬廣的光之海中，有身在水中的感覺。日本的琵琶湖、三保松原等具有美麗海岸的地帶，皆是與此為緣的靈界，當中存在著龍宮界。

此外，在六次元世界的「裏側」，還有「仙人界」和「天狗界」等靈域。龍宮界屬於海界，而仙人界、天狗界的主要特徵是以山為界。那裡是一幅嚴峻的山脈光景，有不少靈人在這些山脈中做著各種修行。

在這裡修行的靈，在世間生活時也曾追求過悟境，但在世間時主要是努力於肉體上的修行。這個裏側世界，是只想透過靈能力追求悟道的人所居住的世界，他們身上似乎缺乏做人的溫馨。

五、永恆的旅人

以上內容都是圍繞著進化的課題，來講解六次元世界。或許有人會察覺到：「原來，人，是走在永恆的生命旅途上啊。」

但或許也有人會認為：「人為什麼要這麼努力地進化呢？只要順其自然不就好了嗎？」

若只從某個角度來看，這樣說確有其理，但若從靈性的角度來說，這種想法就未必正確了。因為，從真實的意義上來講，「人的生命並非是有限的」。

假如，人的生命只侷限於一、二百年間的時光，隨後就化為烏有的話，的確可以說順其自然的生活方式很不錯。但是，人真正的靈魂生命體，是生存於幾萬、幾十萬、幾百萬、幾千萬甚至是幾億年間。

如果讓這種永遠延續的生命，採取任憑自然的生活方式活下去的話，靈魂就會停滯不前。更何況，靈魂處於長期停滯狀態之中，是品味不到真正的心靈喜悅的。繼而，在百無聊賴的生活中不免會產生困惑。

連續在一、二百年間做同樣的事，也許還熬得過去，但若眺望永恆的時光，誰還會放任自己的靈魂在宇宙中茫茫然地漂浮呢！既然人都有各自的個性，人們自然會產生「我需要做些什麼」的心情。

譬如，很多上班族平時總是想：「但願早日結束這種領月薪的工作，每天過自由自在的生活，那該有多好啊！」然而，真正退休後，反而不知應如何打發每天用不完的自由時間。在每天都自由的背後，卻有著無事可做的困惑。

一般來說，人很難將無事可做的狀態維持一年，大抵會不知不覺地想去做些工作或其他事情，或者專心在某些感興趣的事物上。

這種現象與靈魂的本質有關。靈魂在本質上是勤勉的，而不是懶惰的。雖然人們有時會想休息一下，在工作上偷個懶等，但這些是難以忍受長久持續的，人有勤勉於工作的本性。

心靈有生產和創造的本質。

雖然有很多人常說：「我不喜歡這份工作。」但如果真剝奪了那份工作的話，他反倒會不知所措。

心靈具有勤勉、熱心工作的一面，所以人具有要求向上的願望。沒有人能滿足於半途而廢的工作。因此，為了得到心靈的滿足、安然和喜悅，就必須把做好工作當成目標，不斷努力。

從這個觀點上來講，靈魂或說人的本質，是永恆的旅人。

六、鑽石的原石

本節，我想進一步探討「永恆的旅人」的話題。人跋涉於永恆的旅途上，追求著心靈的進化。對於這件事，人們會有什麼疑問呢？

為何有高級靈與低級靈的區別？為何有偉人與凡人之差異？為何有光明指導靈也有平凡的靈？雖說佛賜予了人們平等的愛，但這差別本身難道不是問題嗎？或許有些人會產生這樣的疑團。

讀者們可從本節「鑽石的原石」中找到答案。

原石經過雕琢之後，即變成了閃亮的鑽石，人也是一樣。當挖掘出原材料礦石後，「如何雕琢使其發光」，就是每個人的課題了，而且這個課題是人人都無法回避的。

讀者在內觀自己的靈格時，或許會認為「光明指導靈是如同鑽石般閃耀的存在，而自己卻像煤炭、木炭、河邊的石子。」但是，人的真相並非如此。雖然閃閃發光的鑽石與河邊的石子確實有天壤之別，但人的本質絕非如此。無論是怎樣的人，只要經過磨練，心靈就一定能夠發出光來，這是無庸置疑的。

此外，有些人在聽到地獄靈、惡魔的事情時，會產生「豈能容忍醜惡橫行？豈能寬容他們肆意行惡」的心情。也會認為：「佛為何不施法力將這些惡靈徹底消滅？為何不把這些惡靈從世間驅逐？為何不將這些惡靈封閉於宇宙的邊域？」

但是，會有這些想法，是因為尚未真正認識到靈魂的本質。通常，在人們的眼裡，地獄靈醜陋不堪，專門製造不幸。但須知，即使是惡靈，接受了某種機緣之後還是可以改邪歸正的。

我曾在與被惡靈附身的人接觸的時候，直接觀察附在人身上的惡靈，察覺到惡靈其實是處於不知真相的狀態。惡靈不知靈魂的本質，不知人之存在並非肉體生命，不知做人必須行善，甚至連自身已落入地獄的事實也不承認。地獄靈是處於這種全然不知實相的狀態之中。

既然如此，只要教導真理，惡靈也有回頭的可能，也會猛然醒覺：「糟了，自己過的是虛偽人生，必須悔改，走向自新。」

在這悔過的瞬間，其靈體便會在黑暗中發出光來，從頭後方顯現出微弱的後光來。

如果惡靈就像河邊的石子，那麼無論怎樣琢磨也不會發光。但是，琢磨之後展現的光芒，說明了即使是被稱作惡靈、撒旦一樣的惡性存在，原本也同樣是鑽石的原石，經過雕琢也能散發光芒。

無光，是因為原石被污垢遮掩了，所以會被視為粗糙的石子或廢物。然而只要去除表面上的污垢，它就能放出光芒來。

這體現了無限的可能性，體現了佛所賜予的無窮無盡的愛。

七、政治的本質

在世間，有很多人希望自己能被頌揚成偉人，其中又以政治家為最，因此很多人把成為國家的總理或大臣視為人生目標。

有些人想「使自己偉大，好支配別人」，另一面卻在大庭廣眾之下攻擊、諷刺政治家。他們對自己露骨的出頭欲望也會感到厭倦，因此有時在他們的眼裡，政治家好似山中的猴王。

當今這個時代，已迷失了政治的本質。所謂政治的本質，歸根究柢，可歸納為上下關係。有領導者和被領導者，有掌權者和在這種權力下的被操縱者。

總之，政治的本質終究存在於金字塔型的體制中。

頂點人數少，底邊人數多的金字塔型形成後，人群才有安定感。假若是圓形的話，就容易滾動而無法穩定。越是往上，人數越少的三角形才能產生安定感。

這種體制不僅僅出現在政治上，在企業組織的結構上也一樣。企業也是金字塔型的體制，下層是普通的公司職員，隨後是科長、部長、董事等，最頂點是董事長一個人。

學校亦不例外，由下往上是老師、教務主任、校長等。大學則是教授、院長、校長等。總之，這種金字塔型的體制出現在各個領域中。

由此，我們需要思考其真實意義何在。其實，靈界的構造亦是金字塔型，四次元的靈人較五次元多，五次元的靈人較六次元多，如此越往上人數越少，至九次元世界僅有十位大靈。靈界就是如此結構。

也就是說，金字塔結構不僅存在於世間，也存在於靈界。因為有靈界實相的投影，世間才出現了金字塔結構。

人必須與他人共同生活，在共同生活中需要有領導者，以求整體上的安定。如果每個人總是各說各的意見，那麼整體上就很難有規律的行動。

歸結起來，「需要領導者」的認識，體現出了政治的本質。

磨練世人做領導者的資質，即是六次元光明界的人們的使命。他們透過各種職業進行磨練，具備了做領導者的資質，並擔負著眾人的期待。

八、勢不可擋的力量

前幾節提到了六次元光明界的人具有領導的才華。接下來讓我們探討一下，如何才能發揮出領導的才華。

為什麼有的人要聽從他人的指揮？為什麼有的人能命令和教育別人？這種政治權力或是靈性力量的泉源，從何而來呢？

其實，這種靈力是來自於比自身更高次元的存在，是佛賜予的力量。

假如佛偏向地獄這一邊，那麼地獄靈說的話就是正確的。但事實上，佛不站在地獄靈這邊。因此，人們便可以判斷出什麼是正確的方向，什麼是正確的意見了。

佛的境界，猶如北極星為人指出正確的方向，因此接近佛的人，能夠引導人們，並且履行領導者的使命。

因此，居於六次元的眾多領導者的力量泉源、壓倒性的力量本質，最終還是來自佛，來自佛的睿智。如果沒有佛力，那麼無論是在世間還是在靈界，都無法產生出壓倒性的力量。此外，當人認識到自己的想法與佛心相應時，勇氣和力量便油然而生。

居於六次元世界的人，具有「自己是佛選出的菁英」的意識，從褒義上講，他們的領導意識極強。因此，他們會清楚地自覺認識到：「對那些不如自己、未發達的後輩靈給予指導是自己的職責。」

六次元光明界的高級靈，會採取各式各樣的指導方法，但他們都是在最適合自己的方向上學習和傳佈佛心、佛的想法。

換言之，六次元世界正式進入了探究佛的想法的階段。他們依據探究的成果，以壓倒性的力量指導人們。他們經過學習，在一定程度上理解了佛的想法，因此在對政治、經濟、藝術和教育等方面的指導上充滿了自信心。

總而言之，真正的力量泉源在於知曉佛心，知佛心為其根本。知曉佛心的「知」，是六次元世界的核心思想。這個「知」即是指對真理的認識、理解。

是否具備「真理知識」，是能否存在於六次元世界的重要關鍵。不具備真理知識，就不可能居於六次元世界。

六次元世界的生存條件，取決於此人是否為獲得真理知識而努力。

九、有魄力的言語

接下來講述有關言語的問題。

《聖經》中有一節著名的內容：「太初有話，話與神同在，話就是神。」（約翰福音一章一節，In the beginning was the Word, and the Word was with God, and the Word was God.）由此可知，言語具有極其重要的意義。

光明指導靈降生於世間指導人們時，使用的方法是言語。有時，指導靈會使用靈性現象，但這只不過是為了方便引導人們走向覺悟的一種方便之法而已，因為單憑靈性現象，不能使人徹底覺悟。

人為什麼會感動？光明指導靈在說法或講演時，為什麼能夠打動人心？人們為什麼會感動得落淚呢？我們必須明白這些感動的本質何在。

聽到了真理之言後不禁流淚，其實是因為在世人的心靈深處，留存著自己在遙遠的古昔學習真理時的感動記憶，因此「觸景生情」。

在這些感動的記憶中，有在印度聽聞釋尊說法的記憶，有在耶路撒冷聽聞耶穌教誨的記憶，有在聽聞諸光明指導靈說法的記憶，也有在四次元世界以上的靈界，接受諸光明指導靈的教育時，感動得落淚的記憶。

這說明，人在本質上，知道究竟什麼才是最珍貴的。

淚水不僅僅是在悲哀時才落下，人在高興和感動時也會落淚。人認識了佛法，見到悟境展現眼前時，會不禁為此落淚，此稱「法雨」。

這淚水，能在正心和清淨六根煩惱上發揮積極的作用。就像空中降下的喜雨，淨化空氣中的塵埃、清淨大氣、沖洗大地、撥開迷霧，當這感動的法雨濕潤了面頰時，此人心中的罪孽也隨之被洗滌。於是，此人便能從心底發光，放射出如鑽石般閃耀的光芒。

世上的宗教指導者，應多創造這種「法雨」的機緣。在文章中使用強有力的文筆固然重要，但面對面向人說法，使人流下感動之淚也是必要的。

在這感動的時刻，生活在世間的人能夠體會到超越性的境界，激發起追求覺悟的菩提心。換言之，此時會讓人回憶起昔日曾為法話和真理之言所感動。

由此可知，「言語」是自己所悟到的真理知識的體現，此乃言語的本質。覺悟越高，言語的影響力就越大，越能感動人心。

沒有覺悟的人，其言語是無力的，文章也難以打動人心。即使是寫相同的內容，但覺悟之人的文章，就是能感人肺腑，激發出熱情來。

如果想要查證自己的覺悟程度，可以看看自己是否能依據真理，說出有魄力的言語。

言語會隨著悟境的提高而增強影響力，散發出光芒。證據就是，人們的感動。人們可以將言語作為修行的指標。

十、走向愛的境界

以上是六次元世界的概觀。

縱觀六次元世界，有上、中、下的階段性世界。橫觀則有表側光明界，在中間有龍宮界，另一面的裏側世界，則是以肉體修行為中心的人所居住的天狗界和仙人界。天狗界主要是好炫耀力量的人所前往的世界，而仙人界則是專門研究靈能力的人所居住的世界。這就是六次元世界的諸種實相。

此外，前文還介紹了在六次元世界中居住的神靈。這些被稱為神的人，主要是在六次元光明界上層階級。

六次元世界的上層階級中有諸天善神。其中，有人們常說的多聞天、毘沙門、大黑天等神靈，除此之外，也有許多福神。

部分諸天善神所做的工作，並非侷限在六次元覺悟之內。這些人雖然已獲得了六次元以上的「菩薩」、「如來」之悟境，但在六次元上層階段卻擔負著具體的使命。

換言之，有一些「菩薩」和「如來」是為了統括六次元世界以及指導世間的人們，而來到六次元世界。從靈格上來說，這樣的人多是被人們稱作神的高級靈。

此外，也有一些人居於六次元上層階段進行著修行。這些人稱之為「阿羅漢」。

「阿羅漢」是指朝著「菩薩」境界努力修行的人。他們自己可以淨心、反省和糾正自身的錯誤，進而能夠達到靈體放射出後光的狀態。阿羅漢的境界是進入菩薩界的「登龍門」。若從佛教的觀點來講，這些六次元上層階級的人稱為「阿羅漢」，若從基督教的角度而言，則大約是像教會牧師一般的人。

「阿羅漢」意味著自學自修的修行過程已結束，需要進一步將上面的七次元「菩薩」作為修行目標。他們在為獲得真理知識而努力的同時，還會鑽研如何向眾人說法。

「利他」的行為是進入利他世界的前提。

當自我磨練的階段大致結束後，進入了「助人、友愛和慈悲」的利他境界時，「阿羅漢」即成「菩薩」了。從基督教的觀點來說，便相當於天使。

這是靈魂修行之本道。可以說，六次元光明界的修行，是到達「阿羅漢」的正道之一。

總結來說，「阿羅漢」是一種職業或一個面向，是一個充分地充實自己後，又繼續將「助人」作為修行目標的人，這就是佛教所稱的「阿羅漢」。

從這幾點來看，沒有經過六次元修行，就不可能進入七次元世界。世間人們的修行也是一樣。在吸收了真理知識的基礎上，透過親身實踐，才能進入為真理而生的世界。因此，人們務必要知曉「不吸收真理知識，就不能到達菩薩的境地」。

首先，必須吸收知識，確立自己的知性實力。

其次，是把對普世的愛作為人生目標，熱心助人，用覺悟的力量拯救他人。

從靈界實相的觀點來看，抱持這種人生方針，才是正確的。

第四章

七次元世界

一、愛的洋溢

本章將對七次元的靈域做說明。

七次元世界之別名為「菩薩界」。由於「菩薩界」是佛教式的命名，未必能通用於全世界，但對居住在亞洲的人來說，「菩薩界」這個詞比較容易理解，所以我較常使用。

簡單來說，七次元世界是「愛」的世界。「愛」，每天都有人討論，各種文獻中也有許多有論述和記載。「愛」，是人最想得到、最根源性的欲求。

世上沒有不需要別人愛的人。但「要求別人愛自己的心情」和「實際上得到了別人給予的愛」，這兩者間的差異，似乎就區分了人的幸與不幸。

在小說、詩歌和哲學等書籍中，有數之不盡關於愛的闡述。此外，在音樂和繪畫作品中，愛也是永遠的主題，可是在歷史上，卻沒有任何人能對真實的「愛」下一個不變的定義。

對此，我打算透過本章全文，從各種角度對愛的問題進行探討。

六次元世界重視「知」，但六次元的知並非指世間性知識的歸納，而是指佛法真理的知識。因此，「知的世界的上一階段，是愛的世界」，這即是我現在要談的問題。

古人言「愛優於知」，但這句話的本意並不是說「只要有了愛就不需要知」，而是指「知固然重要，但尚須認識到，『愛』是超越了知的存在」。這從人的經驗來說，也是說得通的。

有些人待人親切、和藹、體貼，不過自己最終還是不能幸福。原因在哪裡呢？這是因為此人只是在充當一個「慈悲魔」，缺乏知的部分。

自己總認為只要為他人好就行，做盡各種殷勤助人之事，卻反而引起對方的反感，最後自己只能感到枉然空虛。雖然為他人盡心盡力，可是對方既不喜悅，也不感謝自己，最後連自己也被籠罩在空虛的氣氛中。世上有很多這種人，自身充當了「慈悲魔」即是原因所在。

實踐愛，看起來非常簡單，但實際上卻非常難。因為，在愛中有「勉勵他人」的要素。要勉勵他人，畢竟還需要深入認識社會和人的本質，需要知曉佛心，否則就很難做到勉勵。

因此，我們可以得出如下的結論：「以『知』為根基的愛，才能勉勵世間的一切，才能成為培育和發展的力量。如果在無知的狀態下實踐愛，那麼愛將是脆弱、模糊和容易崩潰的。」

不過，如果仔細觀察人的本質，就會發現愛就像不斷湧出、無法抑制的泉水。所以在「施愛」時，應該要認識到「愛有如從內心深處的湧泉」。

二、愛的作用力

接下來，讓我們來探討愛的作用力這個問題。愛究竟能夠產生出何種作用力呢？愛又具備何種功用呢？

人失去了愛會怎樣？愛是人的根本需求嗎？或者說，「愛」是因為人們說「必須要互愛」而出現的嗎？

這些是我們必須首先思考的問題。

人從出生到年邁、死亡，有六、七十年左右的生涯。貫穿此生的能源和生存的動力，究竟是什麼呢？首先，我們從這裡來深入探討。

讀者們可以回顧自己從蹣跚學步的小寶寶，到上幼稚園、小學、國中時的情形。

小寶寶的工作是什麼呢？去感受母親的愛似乎就是他的工作。對小寶寶來說，他最初的認知，就是感覺到愛的存在。這是愛的根本作用力的體現。

嬰兒感覺沒得到愛時，就會哭泣，感覺到愛時，就開心得不得了。喝到母乳會心滿意足，而母親不在身邊、不如己意時又會哭鬧了。

此時我們可以發現到，在嬰兒純潔無瑕的心中，表現出了對愛的本能性需求。嬰兒的心雖然幼稚，但對於是否獲得了關愛，可是非常敏感。

小朋友長到三到六歲左右，兄弟姊妹之間就會開始向父母爭寵。

即使是四、五歲的孩子，如果覺得父母把愛傾注在弟弟、妹妹身上，可能就會故意調皮一下，這可以說是最早出現的嫉妒。嫉妒心在人幼小時便已產生了，真是令人意外。

進一步觀察嫉妒心從何而來，就可以發現它最終是來自對愛的強烈欲求。孩童在這個欲求得不到滿足時，便會做一些調皮的事去引人注意。

總結來說，童年時對愛的欲求，就好比是對食物的需求一般。等到上了小學、中學，就不侷限於只有父母能給予愛了。從同學、老師身上也能得到愛。

成績好時想得到老師的表揚、同學們的羨慕，從中可以獲得相當的滿足感。即使成績不好，若是在某個體育項目上出眾，也會引人注目，得到同學們的愛戴。此外，如果能在功課或體育方面表現優異的話，或許還能得到異性的愛慕。

我們可以說，對於成長中的人而言，獲得別人的愛，就像是在攝取生活上的營養素一樣。

長大成人之後，情形會有怎樣的變化呢？

二十五、六歲的女子，跟二十七至三十歲的男子，會開始認真地考慮婚事。因此，為了能得到異性的愛戀，努力在名校中讀書，在著名的大公司工作。女子為了使自己更漂亮、更富魅力，會在穿著和化妝方面下功夫。這也是求愛之心在起作用的關係。

從這個發展變化中，我們可以發現，這種狀態如果持續下去，人很容易只是想滿足本能欲求，只考慮如何從他人那裡得到愛。人自出生下來開始，一直在追求他人給予自己的愛。然而，光是這樣妥當嗎？這很值得我們思考。

三、愛的力學

接下來，我們來討論「愛的力學」。所謂「愛的力學」，是愛與愛之間的關係學，作用與反作用的法則。

任何人在童年時都會想得到愛，這時愛的供給者是父母，父母向孩子傾注自己的愛。兒女長大成人後，結婚、生兒育女，同樣會對自己的子女傾注親子之愛。

孩子一面接受著父母的愛，另一方面，爺爺、奶奶把孫兒視為寶貝，只要見到了孫兒的臉、撫摸到了孫兒的手，就會喜出望外，孫兒的存在本身，反而成為對爺爺、奶奶的一種愛，成為了歡喜的來源。

如此，愛還不僅僅是被施予的，在某種程度上是相互給予、分享的。

我們由此可以發現，愛是源源不絕地循環。

這個循環也許是以二、三十年為週期。父母給予孩子養育之愛，孩子成人後做了父母，也會向自己的孩子給予父母之愛。做爺爺、奶奶的也會疼愛孫輩。如此，愛以二、三十年為週期循環著。

這是家庭裡面的愛的循環。此外，人們還會面臨下一個更大的愛的課題。那就是男女之間的愛。

人自從懂事之後，或者說從十幾歲左右起，逐漸會意識到異性的存在。在近二十歲時，便難以擺脫對異性的思念了。男女之間的戀情有如磁鐵相互吸引，甚至整日被這種思念糾纏，這是種非常不可思議的感情。

這種感情雖然不是因為教育才產生的，但在男女之間卻產生了近乎契約的關係。

戀愛中的女性，在內心會本能地產生「他愛著我，所以我不應該太親近其他男性」的想法。男性也同樣會自然地產生出「她對我付出了愛情，所以我應該跟其他女性保持距離，以免傷害了她的感情」的心情。

人們對這種不可思議、近似契約的關係，對這種透過愛讓男女結合的情形，似乎是天生就了然於胸。

體驗過從十幾歲到二十幾歲的愛，以男女之間契約性的愛的力量為基礎，夫婦之愛就此產生了。

夫婦之愛受到法律保護，並且具有排他性，不容許他人介入。如此一來，在愛的本質中可見排他性的一面。譬如，如果做丈夫的人每天在外尋花問柳，妻子就會非常傷心。相反地，妻子若整天遊蕩在外，她的丈夫也會感到孤獨。

可以說，這樣的愛之中具有一種獨占欲，容不下第三者的排他性。

四、永遠的愛

接下來我們來看看，這種獨占欲，是否屬於人為了保存自己生命的本能欲求？這種愛是否不能容許呢？

或許會有人這樣想：「平等地愛所有人，是人的本質。所以必須平等地對待所有的人。」

只不過，假如妻子八面玲瓏，不但對自己的丈夫好，對其他男性也平等地去愛的話，將會出現怎樣的情形呢？這必然意味著夫婦生活的崩潰。

男女共同生活是一個必須遵守的規則，因為生兒育女和建立家庭，需要在共同生活中計畫。

如果不需要家庭，把男女的存在理由僅視為生理上傳宗接代的需要，或者是認同柏拉圖（Plato）所說的：「養育子女應是國家的責任。」那麼男女除了傳宗接代以外，也就沒有其他意義了。

但這不是佛心的體現。佛期望「一男一女，相互協力，生兒育女，透過幾十年來建立家庭，必定能發現有許多收穫。」

換言之，在男女之愛中的排他、獨占意識，看似是一種自我保存的自私欲望，然而實際上，為了達到更高的目標，為了成就偉大的家庭之愛、為了捍衛家庭的幸福，有必要做出這最低限度的惡。

看似心胸狹小，不過這是為了達到更高的目標，所必須採取的手段。

因此，男女間的獨占欲未必是惡。如果這種欲望超過合理限度，變成不尊重對方、控制對方，也就是說變成了異常的嫉妒時，就會產生不幸。

男女間的嫉妒心，只要是在為了維護共同生活的範圍內，不過度借題發揮，這種適當的嫉妒是可以容許的。但要是嫉妒心異常地敏感，甚至變成了責難和折磨對方時，無疑會釀成悲劇。

佛為了教導人們體現佛心於愛中，祂讓男女戀愛、結婚，實現夫婦之愛，進而體驗父母對子女的愛。這是佛所給予人們的愛的教育課程。

不過在男女愛中產生的夫婦愛，以及隨之而來的親子愛，這種愛是否永遠不變呢？答案未必是肯定的，因為這種愛在某種程度上還是屬於本能性的。或許用「偶然」來形容不是十分恰當，但人們是在人世間的偶遇中，彼此產生感情、愛上對方，也是事實。

雖然可以說是佛讓男女結婚、生兒育女和建立家庭，但這樣就很完美了嗎？並非如此。男女之間的愛，仍然只是佛為了讓人們覺醒到真正愛的機緣的手段。

不管是多麼自私的人，都會對異性產生愛戀之心，至少對自己的孩子會有疼愛之心。

對異性和父母的愛，是為了讓人認識永恆的愛的啟示。「以這種最低限度的愛為機緣，覺悟更高層級的愛」，這即是佛的真心，人們應該正視這個事實。

五、為誰而愛

以上從各種角度探討了愛的問題。接下來，我們將繼續思考「為誰而愛」的問題。

人自孩童起，就對「別人給自己愛是好事，得不到他人的愛是壞事」有著本能性的嗅覺。只不過，如果每個人都在要求別人給自己愛，那麼就沒有人能來供給愛了。假如只有愛的需求，卻無供給的話，世間上的愛就會乾枯。

就連世間的糧食都無法自給自足，所以如果所有人都站在要求得到愛的立場，沒有人要站在給出愛的這一邊，那麼愛的供給方就會消失。這會使世間充滿如饑似渴的求愛者。

愛，不僅僅存在於男女之間和家庭裡，當人步入社會，與他人之間也會出現愛的關係。冠以愛的名稱或許不夠恰當，但至少人會有「希望他人看好自己」的想法。

一個人若能夠獲得別人的好感，我們可以說他得到了愛。相反的，對別人懷著好感，能夠看到別人的優點，對人關心、體貼，我們則可以說此人付出了愛。

如果用靈眼觀察世間，便可以看到人們彷彿像是沙漠中喉嚨乾渴的旅人，在炎炎烈日下艱難地行走。

如果人們對彼此懷有愛心，便能緩解乾渴的欲求。如果彼此不是相互供給，而是只考慮如何從他人那裡取得愛的話，便只會加重乾渴的程度。

如果我們深思這個問題，便應該能夠得出「為誰而愛」的答案了。有所謂「親切同情不是為了他人」這種說法，這句話意味著「對他人親切，其結果最終會回到自己身上」。愛是不斷的循環，最終會回到自己身上。

讀者也可以從愛的經濟學角度來思考。

譬如，農家種植了蔬菜和稻米，收成後拿到市場上去賣，換回了貨幣。農家可以用這些貨幣購買汽車等生活用品。接著，製造汽車的人從農家手裡獲得貨幣，他們也可以使用這些貨幣到市場上去購買蔬菜、米等食物。

一切都在循環。經濟上以貨幣為媒介，讓人們透過勞動所創造的價值，做不間斷的循環。

愛也是一樣，向他人施予的愛，在幾經輾轉後，必定能回到自己身上。施愛者得愛——這是一個法則。

一如生產了多少米就能獲得多少收入，付出多少勞動就能獲得相應的報酬一樣，向人施愛者，也會有同等的愛的回收。雖然在三次元世間，用肉眼看不到這個愛的法則，但若從靈性的角度來看，就能明白這是真實的了。愛，確實能夠回歸到施愛者身上。

於是，施愛越多，所得到的愛就越多。

因此，高次元的靈、光明指導靈向廣大眾人施愛，相對的他們能夠得到的愛也是巨大的。

那麼，他們被賜予的愛從何而來呢？這個愛是否來自於被他們愛的人的稱讚呢？其中的確包含著這個部分，但不是全部。其實，他們施愛的代價，是能得到來自佛的恩賜，佛會賜予他們偉大的恩惠。

六、拯救的本質

接下來，我想稍微轉變話題，談一談有關拯救的本質。

前面說明了七次元世界是愛的世界，並談到這愛當中包含了家庭之愛、親子之愛、男女之愛等等。

那麼七次元世界的愛，性質又是如何呢？七次元的愛，已不是親子、男女之間的本能性的愛了。

七次元的菩薩在持肉體降生世間時，他們施愛的對象，未必都是和自己有直接關係的人。菩薩以佛心為己心，引導世人走向覺悟、救濟眾生。這是菩薩的世間人生，同時也是返回靈界後的工作。

在他力門中，非常重視「拯救」。

這個救濟的本質是什麼呢？

我在前文中曾描述過，若用靈眼觀察世間時，似乎能看到在炎熱的沙漠中，疲憊的人們在四處求水，尋找綠洲，迷失了人生的方向。

如果生活在三次元世間的人是這樣的話，那麼對於人們來說，拯救是指什麼呢？其實，拯救的本質並不是滋潤人們乾渴的喉嚨，拯救的本質不在於此。

那麼真正的潤喉之水是什麼呢？

兩千多年前，耶穌基督在口渴時，到牧羊女那裡討水喝。隨後耶穌留下了這樣一段話：「你能用水潤喉，但喉嚨還會乾渴。用我給予的『生命的語言』解渴者，絕不會再感到乾渴。」

就如這段話所說的，拯救的本質就在其中。

這裡耶穌所說的「生命的語言」，是指引導人覺醒，明白靈魂永恆生命的真實教義，是指佛法真理。為佛法真理而生的人，具有永恆的生命，不會迷失方向，因此不會疲勞，不會乾渴。

藉由佛法真理的正確提示，有無數的旅人重新找到正確的方向。何謂真正的愛？何謂真正的拯救？它的本質，就是使人覺醒的真理之詞，使人醒悟的一喝。

總結來說，諸菩薩活動的本質，在於傳播佛法真理，滋潤人們的心田，拯救萬眾。

七、偉人的生涯

走筆至此，我不得不談一談偉人們的一生。回顧人類歷史，無論是宗教還是其他領域，都出現過許多偉人。我們必須深思，他們是如何引導世人、如何為愛而生，以及如何在生涯中體現出愛的生命。

他們的一生，並非只活於男女之愛和家庭之愛，也不單單是為了完成親子之愛，而是向人們教示了何謂真正的愛。

耶穌即是如此的偉人。若單從親子之愛的角度來看的話，他或許做過許多常人眼中的不孝之舉，也不能說是個好兒子。出身於工匠家庭的人，本來應習得手藝，婚後養兒育女，繼承家業，扶助家庭。但耶穌的生涯並非如此。

耶穌在靈界，也曾對生前生身之母、聖母瑪利亞（Maria）說過失禮的話：「人之靈魂從天而降，非人所生，貴夫人，妳雖曾是我的肉身之母，但絕非我的靈魂之母。妳務必要認識到這個事實。」如果從世間的觀點來看，耶穌對母親說的話是很不孝的。

此外，耶穌與兄弟的關係也很普通。耶穌有四個兄弟，但都是「凡人」，家中只有耶穌成了傑出人物。

實際上，耶穌的父親約瑟（Joseph）並沒能真正理解耶穌，他的兄弟們也是一樣，常責難他說：「你不但不幫家裡做事，還去搞什麼新興宗教，說一些讓人聽不懂的話，真是無趣的哥哥。」

不過耶穌是為了更高的愛而活，為了拯救全人類而貢獻自己的一生。我們必須認識到有超越了家庭之愛、兄弟之愛和親子之愛的高度的愛。

喬答摩・悉達多（Gautama Siddhartha 釋迦牟尼）的人生，也很類似。他在二十九歲時捨下妻小，違背父願出家，離開迦毗羅衛城。隨後前往山中修行了六年。

釋尊身為王子，繼承王位是本分，但他卻拂袖而去，從世人之常情上來看，是不孝之子。

他有兒子羅睺羅（Rahula）和妻子耶輸陀羅（Yashodhara），但他捨下妻小，直到成道為止未登家門一步。單從這個角度來看，他是破壞男女之愛和夫婦之愛的人，是拋棄了父母的不孝子。

可是在事實上，釋尊的真意並非在於否定親子之愛和男女之愛，他是為了達到更高的目的，因此做出了無法避免的犧牲。

我們必須要體認到當時的時空環境，是不可能讓身為王子的喬答摩．悉達多獲得佛陀之悟，也無法用這種身份對世人講述佛陀的教義和真理。

釋尊在鞏固了教團後，讓自己的妻子成為教團弟子的一員，以這樣的方式照料她，也讓許多釋迦族的青年男女加入了教團。這說明了釋尊畢竟是有責任感的人。

對於我們現代人來說，為了達到自己的目標而拋棄妻小，畢竟是一件殘酷的事。可能的話，還是周詳地考慮家庭、父母和工作，在協調家庭生活的同時拯救社會，以這種具普遍性的方式來實踐愛比較好吧！

我們不能忘記，某些偉人是與眾不同、例外的愛的體現者，他們的「存在之愛」的生涯如同太陽，光輝照耀了世間。因此，人類應該對這些偉人致敬。

八、佛心的體現者

從回顧偉人的生涯，可以知道他們無視於世間性的愛，自覺到自己應該為更高的愛而活。他們為了達到更高的目的，而犧牲了其他次要的東西。換言之，他們對佛的愛勝於對人的愛。

人心是常常搖擺不定的。若以這樣搖擺不定的心做為基礎，來生活和認識愛，必定跟以永恆不變的佛心為基礎的生活方式，有很大的差異。

佛心體現者的愛，是永恆之愛、不變之愛。在以佛心為己心的生活中，即有這真實的愛。

我們不能否定男女之愛、親子之愛、手足之愛，應該要珍惜。除此之外，我們還必須認識，這些愛只是為了達到更高的愛的預備課程，只是佛賜予人類的本能。

在此，我們必須深思「佛愛」和「愛佛」的問題了。

佛，用廣大無邊的愛包容著人類。這廣大無邊的愛，不是指用渴望得到愛的心念去體會愛，不是指有得失的愛，而是指無盡地施予不求回報的愛。

太陽無所求地施予地球上的人和動植物光和熱，同樣的，佛也施予不求回報的愛，以「存在之愛」的最高境界燦爛閃耀著。

人們必須認知到佛愛的存在，必須要明白「佛賜予了一切」。

獲得了佛愛的恩賜，倘若還無感謝之心，就不能說是佛子。在無限溫暖的愛的擁抱中，在無盡的恩賜下，若沒有絲毫感覺，如此身為人難道不是一種羞恥嗎！

多數世人對無限、無償的「佛愛」似乎少有敬意，或者說未能覺察。可是，作為人難道不應該積極地去感悟佛愛嗎！自身獲得了佛愛，難道不應該將感謝之心奉獻給佛嗎？

人們當上了父母，便能體會到父母愛護子女的心情。佛就是人類的父母，作為人類父母的佛在愛著人類，人類難道不應該向佛奉獻愛心嗎？

這實際上是說，既然每個人作為佛子降生到世間，就需要抱持著偉大的自覺心。我們不該為了獲得別人的好評和稱讚等才發揮愛心，接受著無限佛愛的人，本來就應該給出愛。

以靈性的角度來看，人類就像用接收電波的天線一樣，接受著佛的恩愛。既然接受了如此之多的佛愛，就應該把這個愛繼續傳送出去。

接受著佛愛，就應該將這個愛付出給世人，奉獻給社會。承上接受了佛愛，就有向下傳送的義務。

九、靈魂的器量

接下來要探討有關靈魂的器量的問題。

人的魂是接受佛愛的器皿。器皿小，裡面的水容易溢出；器皿大，才能容納積蓄。

水庫有了充足的水量，可以透過水的落差，創造出巨大的電力。同樣，魂之器的大小，能決定蓄水量和發出的電力。

具有最大「蓄水量」靈魂器量的，是諸位九次元救世主。他們總是蓄滿了水，無與倫比。所以他們放出的水流有澎湃之勢，創造出巨大的電力，傳送到世界各地。

因此，靈魂器量的大小不同，在愛的實踐上也會出現差距。在蓄水量上有差距的話，在發電量上也會有所差距。

水有落差才能發電，水庫越高，水的落差就越大，發出的電力也就越大。所以我們可以說靈魂的高度也很重要。如果靈魂的境界高，具有高尚的人格，其流落的水勢就越強，發出的電力也就越大。

因此，為了創造能夠接受更多佛愛的自己，就應該在「創造大器」、「創造高尚的人格」兩方面警醒惕勵。

創造大器，是指努力精進，構築宏大的人格，擴大自己的包容量。建造能夠包容一切的器量，這即是修行之一。

進一步的修行，則是如何將自身心靈的水庫提高。刻苦勤勉地將自身的心靈向佛境提升，這項工程也是追求覺悟的心靈修行。

何謂覺悟？什麼才能說是覺悟呢？現在我們面臨了這個問題。其實，覺悟就是指在吸收和實踐佛法真理時獲得的「心靈食糧」。吸收和實踐佛法真理之後，所獲得的心靈食糧和體驗，即是覺悟。

因此，我們要在日常生活中有意識地吸收和實踐佛法真理，體現於行為中，並廣泛地傳播愛。隨之，增加自身的包容量，提高自己的人格，構築宏大的靈魂器量。

十、超越了愛的存在

以上，探討了貫穿了七次元世界的「愛」。就某個角度來說，「愛」是在相互作用下產生的。在人與人、人與動植物間的相互關係中產生。在單純的個體中產生不了愛。

寶石自身可散發光輝，但愛不是這樣的。只有相互溝通和相互給予，才會有愛。愛的本質，似乎就在這裡。

話雖如此，但光是相對性的愛還不能說是真正的愛。還是有像燦爛閃耀的寶石那樣，像在朝陽照射下的水晶那樣，本身就能放射出燦爛光芒的愛。這是超越了人與人、人與動植物、礦物等之間的愛。

何謂超越了愛的存在？這個超越了愛的存在，就是「慈悲」。

寶石之閃耀，絕不是為了得到什麼才發出光輝，寶石僅是默默地閃耀，在這光輝當中，存在著偉大的愛。無限地施予無償的愛，這個毅然存在的愛，就是慈悲。

譬如說，山澗幽谷間盛開的花朵，為何如此美麗？它們是為誰盛開呢？花朵盛開這件事本身，隱藏了一個無形的存在。它好像在向人訴說著這存在的意義和價值何等重大。

山澗的花朵在綻放，鑽石在閃耀，我們可以從中感受到超越了愛的存在。

這個超越性的存在，已非在相互作用下產生的了，它的存在本身就是愛，這就是慈悲。無論對方在不在，都能夠體現出存在的價值。這就是超越了愛的慈悲。

總而言之，慈悲是「存在之愛」，存在本身即是愛，這個人的存在本身就彷彿愛的存在。

這個存在之愛接近了佛的境地。佛在，萬物有愛。佛的存在本身就是賜予萬物的愛。

作為「存在之愛」的慈悲，超越了在人與人之間產生的愛，因此，人們應該向慈悲的世界邁進。

第五章

八次元世界

一、何謂如來

至前章為止，我已對菩薩界以下的世界做了概括的描述。本章將說明其上的八次元如來界。

「如來」一詞，和菩薩一樣，也是佛教用語，基督教稱此境界的居民為「大天使」。

首先，我們要對「如來」下個定義。「如來」一詞的表面意思是「如同到來」。從何處「如同到來」呢？是指從「真如」的絕妙悟境而來。作為絕對的真理體現者降生世間的人，即稱之為「如來」。

雖然如來是屬於何種程度靈格的人，難以一概而論，但無疑這些人至少都是人類史上的佼佼者。

「如來」究竟有多少位呢？有一種說法是，靈界總人口逾五百億，其中如來僅有四百幾十人，不足五百，這個數字是不多的。

平均算起來，每一億人當中只有一位如來。若單從機率來看，譬如說，現在一億二千萬人的日本，如來也只有一位左右。然而，如來大多在弘揚大法的時期集中降世，所以未必能單以世間上的人數來計算。

但無論是任何時代，同一時代降生的如來至多只有數名，不會發生在相同的時期，有幾十、幾百位如來持肉身降生這種事。畢竟，被稱為如來的人，其存在有如巨大的山嶺巔峰。

如果像富士山一樣的高山遍佈在日本列島上，會變成什麼結果呢？高山峻嶺零星點綴在平地上，才能使整體景觀錯落有致。同樣地，人間並非處處有如來，如來僅在各時代巍然屹立。

如來競相降世之時，便是巨大文明興盛之期。在人類史上有過多次這樣的時期。拿希臘來說，蘇格拉底（Socrates）所處的時代便是文明興盛期。蘇格拉底是如來，他的弟子柏拉圖（Plato）也是如來，柏拉圖的弟子亞里斯多德（Aristotle）也是如來。在相同的時期中，還有畢達哥拉斯（Pythagoras），之後尚有阿基米德（Archimedes、九次元大靈）。這些如來都曾降生在古代的希臘世界。

在古代中國，則有孔子（九次元大靈）、老子和墨子等如來。這些如來開創了古代中國文化。

在基督教體系，耶穌基督（九次元大靈）也是如來。預言耶穌降世的施洗者約翰（John）也是如來。此外，在猶太教系預言者的歷史中，有耶利米（Jeremiah）和以利亞（Elijah）如來。

在佛教體系中，以釋迦牟尼佛（釋迦如來、九次元大靈）為首，陸續湧現了許多如來。

如此，諸如來為創造文化和時代的高峰，而降生到世間。他們或是以傳法事業為目標，或是以文化藝術等為目標，積極地在世間活動，推動了時代的進程。

當如來創造的文化、文明衰落時，隨後而來的即是諸菩薩。他們一個接一個湧現於世，促進文明的復興。當衰落期再次到來時，如來便降世再創新時代，如此循環不斷。

二、光的性質

進入八次元如來界時，首先會意識到此地有強烈的光。關於光的性質，有「佛即光，人的本質即光」、「諸高級靈接受佛的七色光，因而能夠展開各種活動」等各種說法。

何謂光？這個光，是否像陽光一樣溫暖？世人在通俗地使用「光」一詞時，往往沒有對各種不同光的差異加以區別，都統一以「光」來稱呼。因此，我們有必要再次認識佛光，並且做出明確的定義。

在思考「佛即光」的「光」是何意義時，若將其與反面的存在做對比，就能使光的性質更加清楚地浮現出來。

光的反面是「黑暗」。黑暗有「看不見、陰暗、潮濕、無希望、無氣力」等特性。

光是黑暗的相反面。光之所以為光，就是因為它能使周圍明亮。光不僅僅明亮，其中還內含著生命的能量源泉，凝聚著各種意志、意圖、性格和性質等等。

在光明與黑暗的問題上，自古有「一元論」和「二元論」之說。也就是說，在「黑暗是否屬於根本性的存在」這個問題上，有兩種不同的看法。

事實上黑暗本身是消極性的。黑夜，不是由於放射出了「黑暗」而形成的。黑暗是因為光明受到了間接媒介的遮蔽而形成。另一方面，光則是積極性的存在，是能動性的存在。

無論是多麼強烈的光，如果被遮蔽了，便會產生陰影。光越強，陰影也顯得越深暗。即使點燃一萬支明燭，如果你躲藏在岩石後，這個光是照不到你身上的。因為光有「直線行進」的特性，所以障礙物能夠遮擋光。

善與惡的關係也是一樣的道理。也就是說，「善是積極的存在，惡是消極的存在」。但是，我們不能一概而論地說：「有善就沒有惡。」因為，透過某種間接的媒介，消極的存在也會出現。

雖然說「本無黑暗」，但在有光之處會出現黑暗。儘管可以說「本無惡」，但在有善之處，會因為襯托善而有了惡的存在。

因此我們可以說，惡是「非積極的存在」，只是缺乏善的一種現象。「惡是因為缺乏善的媒介，而被人們視為惡」，在某種程度上這也是事實。

譬如，室內使用巨大的日光燈來照明，儘管燈光非常明亮，但室內的某個角落還是會有陰影。透明的房屋當然沒有陰影，但在普通的生活環境中，就算燈光再亮，屋內某個角落或傢俱下還是會有陰影的。

由此可見，雖然陰影、黑暗和惡並非根本性的存在，卻會在人的日常生活中產生。

三、空間的本質

前一節我們談到了佛光的問題。本節將進一步探究光的性質，同時探討空間的問題。

「空間」的定義是什麼？這是人類長久以來的疑問。

一般的觀念中，「空間」指的是「長、寬、高」。只要有長、寬、高，就可以形成三次元空間。像箱子一樣的立方體就是一個「空間」——或許可以如此為空間定義。

但是在這裡，我們不能說空間只是由長、寬、高所構成，還必須認識到有四次元、五次元、六次元和七次元等高度空間，連本章所討論的八次元空間，也是實際存在的。

空間的本質，是指某種意識上的「場域」。某種能量把這「場域」當作媒介，在這「場域」的範圍之內，發生某種現象。在某種領域中有某種能量在運作，就是所謂「場域」。「場域」指充滿了能量的地方，指能量運作之處，使能量發出本來作用力的一個必要領域。

這便是空間本質之所在。空間不僅是由長、寬、高形成的立方體，同時也是佛光照耀和法輪運轉時所需的場所。

因此，在四次元以上的多次元空間，不適用三次元空間的定義。因為，多次元世界不是立方體，而是佛光創造各種現象，和展開各種活動所需的場所。

從這個意義上來說，它已是意識空間，而非單純的立方體空間。

四、永恆的時間

接下來，我們來談談與「空間」成對比的「時間」問題。

人們通常認為，「空間是橫向的展開，時間是縱向的延伸」。那麼，我們有必要探討「在沒有時間的狀況下，是否空間還能存在」和「時間與空間有什麼關係」這兩個問題了。

之前，我們已經對空間下了「空間是指光活動的場域」的定義。光之為光，歸根究柢是一種活動，它意味著有時間性的流動存在。

但假如時間停止不動，空間又會變成怎樣呢？時間停滯時，光還能夠運動嗎？事實是，如果時間停滯不前的話，那麼光也只能像照片上的一個光點而已了。

空間是光的活動領域，要完成這個職責，其中就必須含有時間。反之，也可以說「有了時間，空間才能存在」、「空間與時間是不可分割的，有時間才能體現出空間」、「相同場所的持續，即光的活動之所在」。

我們不能將「光」視作為單純的光線。將光進一步細分，就能得到最小單位——「光子」。「光子」透過各種集合成為「粒子」。接下來，粒子構成了人的肉身和天地萬物，一切物體均由光構成。

具體來說，固定、形態化的光就成為物質，而未固定化的光，就是存在於四次元以上的空間的靈，或者說是一種靈性能量。

光創造了三次元和四次元以上世界之一切。光是存在之本。

光創造了一切，所以「光進行活動的必要的場所，就是空間」。這意味著如果沒有光的活動場所，空間也不存在。因此，我們可以說「光」和「光的活動」創造了三次元以上的多次元空間。

於是，便可推論出，若沒有光的活動時間，也就沒有空間，沒有物質和靈魂等一切，只能有像海市蜃樓一樣漂浮的空間，而沒有真實意義的空間，沒有光進行活動的空間。

光的活動，是空間存在的理由。時間，是使空間得以存在的重要因素。

由此可見，佛創造的世界，即三次元、四次元、五次元、六次元、七次元、八次元世界，是內含著時間以及有光在活動的空間。

由上可以歸結出，佛創造世界的要素，均集中在「光」、「空間」和「時間」的三個要素上。

「光」在變化中，創造著與各次元相應的物體或靈體。光的活動不但需要有「空間」作為活動的場域，而且需要「時間」的流動。光的流動和到達必須經過「時間」。

佛是根據「光」、「空間」和「時間」這三個要素創造天地。

五、人類的指南針

當我們認識了人類所處的世界的本質時，就能夠清楚地明白「為什麼人類能夠得以生息，人類接受著何等的恩惠，必須如何面對人生，人生的目的在哪裡」。綜觀佛所創造的世界，發現其本質所在，這就是人類生存的指南。

人類存在的指南，即是要認識到：人類的一切都是由「光」、「空間」和「時間」這三個要素構成。人類在佛創造的世界中獲得了孕育，因此我們有必要認識佛創造世界的意圖是什麼。

佛使用「光」、「空間」和「時間」三個要素，到底是要構築一個怎樣的世界呢？

我們現在把空間比喻成一個透明的玻璃箱，箱內某個角落有一道光發射出來，在這空間中反覆折射。雖然光被封閉在這空間中，但在其中不斷運動，創造出五光十色的景像，展現光的藝術。

投射到玻璃壁上的光，經過反射再折射到另一面玻璃壁，如此反覆，運動不止。

若以這種世界觀來觀察宇宙史和人類史，就能發現「光」並非偶然的產物，它很明顯地具有不斷進化的目的。以佛為根源的光是懷著一定的目的，掌管宇宙和人類的進化。

佛光的活動目的，大致集中在兩點上。第一是進化。展望宇宙、地球，回顧地球和人類的歷史，就可以發現其中潛藏著「進化」這個偉大的目標。這是任何人都無法否定的事實。

正因為在追求崇高的目標，人類才能夠得以生息，才具有了生存的價值。如果人類是為墮落而生存，就不得不懷疑人的存在意義。人類豈是為了墮落而存在的呢！

譬如，用黏土捏出某種東西，在從無到有的過程中，不是會產生愉快的感覺嗎？如果用黏土捏出大象、猴、人像，並不是為了要作什麼，僅僅又讓它還原為黏土的話，那就完全沒有意義了。從無形變為有形，這不就是進化的本質所在嗎？

人類的目標除了從無形到有形，朝向更美好的事物發展、進化，還有另一個目標——「和諧」。這是一種偉大的和諧，這偉大的和諧意味著什麼呢？

假定，佛在廣闊無邊的空間，用「黏土」創造了山、太陽、地球、月亮、動植物、人類以及萬物，這從無形到有形的進化本身是非常美好的。接下來，各位或許還有一個疑問，各種被造物彼此之間，要如何井然有序地共存呢？

例如，動植物和人類之間的平衡；太陽、地球、月亮與其他星球，以及其他宇宙空間的平衡；白天與黑夜的平衡；海洋與陸地的平衡；炎熱與寒冷的平衡等等。在「進化」之後，佛接下來所考慮的便是「和諧」的課題了。

總之，回顧人類歷史之後，可以說，時光是以進化與和諧的兩大目標為中心，不停地流動。

六、何謂法

綜上所述，人類的目標，即是進化及和諧。那麼，人類所探究、追求的真理，究竟是指什麼呢？又是如何發揮作用的呢？在此處，我們以「法」這個詞，作為貫穿宇宙法則的真理或真理體系之統稱。

在「法」中，也同樣包含著進化與和諧兩個要素。

在「法」之中，確實有著使人進步的部分。從古至今，從未有過使人不能進步的法和真理的法，今後也不可能有。

進步、進化的原理，存在於「法」的內涵中。對個人而言，「法」至少必須對個人的成熟與提高覺悟有所助益。「法」必須能夠促使個人上進。個人的進步本身是件好事。但「個人」與「個人」之間的自由，可能會有相衝突的狀況。因此，亦需要引導人們，將個人組成共同體，大家一齊進步發展的「法」。

譬如，公司裡有某個人想當老闆，而他的同事也在想同樣的事。同一家公司裡有三個人想做老闆，這是不可能的事。

這時，就需要比較在這三個人當中，到底誰最有率領幾百、幾千人的領導資質。只能選出一個人來做老闆，其他的兩個就沒機會了。社會上需要這種調整的原則。

也許這三個人都適合當老闆，但無論如何還是需要有一個決定順序的原則，以判定A、B、C三個人的高下。

為了達到每個個人都能求上進的目的，就需要有保護整體利益的調整原則。許多宗教、道德和哲學家們，針對這種調整、和諧的原理做過各種論述。譬如，中國儒家的孔子曾講過「長幼有序、敬老尊賢」的調整原理。也就是說，如果A、B、C三個人在實力上無太大差距時，就按照年齡順序來解決誰先做老闆的問題。

這種年功序列的思想，當代的人依然在一定程度上遵守。雖然光從世間的年齡，不一定能衡量出此人靈魂的成長程度，但如果在素質上差距不大，經驗較多的人或許智慧會多一些。這種假設，即是以這種思想為根據。

當然，人們還需要兼具其他的觀點，譬如，實力主義的觀點，透過考試或業績來評選優秀的人材。實力主義的觀點也是一種衡量標準。

此外，還有主張「最多數的、最大的幸福」的邊沁（Jeremy Bentham,

1748-1832），在著作《道德與立法原理》中提示了效益的原理（The principle of utility）、效益主義（utilitarianism）的思考方法。約翰・史都華・米爾（John Stewart Mill）也主張這種「從更多人的利益來選擇」的思考方法。

總之，將個人的進步還原給社會，使社會整體進步，必須有調整的原則。這即是佛教中兼備了小乘、大乘的「法」。

於是，我們可以得出這樣的結論：「小乘」是個人獲得覺悟的方法論和進步的原理，非常重要；「大乘」則是建設世間佛國土（烏托邦）的方法論和調整的原則，同樣很重要。

只有將「進化」與「和諧」兩大原理，作為「法」的根本原理，使兩者協調，全體人類才會幸福。

七、何謂慈悲

接下來談有關「法」與「慈悲」的問題。

「幸福科學」的教義，除了融合個人進步與社會整體和諧的兩個原理，同時還指出了人具備追求幸福的本能。這個幸福，可分成「私的幸福」與「公的幸福」兩種。

追求「私的幸福」，即是指追求個人的幸福。追求「公的幸福」，即是指在個人建立個人小範圍的烏托邦（幸福圈）之後，向整個社會、全世界和全人類擴展，建立大範圍的烏托邦（理想鄉）。這就是「幸福科學」的中心思想。

為什麼需要追求探究私與公兩種幸福呢？有沒有任何遵循的指導原則呢？人有追求幸福的本能，因為這是佛賜予的慈悲。佛賜予了人們存在的目的。假如這個目的讓人類有了不幸的結果，那麼世界將是多麼悲慘啊！但是，佛在人的靈魂中注入了追求幸福的本能，所以人們自然會盡可能地去追求幸福。

這意思是說，人既然為人，靈魂本質中即有著追求幸福的性格。人打從生下來就知道要追求幸福，這是因為，人的存在是根本佛分出的「光子」。人是光子、佛子，人的靈魂中具備了與佛相同的性質。佛的性質是什麼？那即是「佛認為，透過進化與和諧所產生的巨大幸福感，是有益的。」

換言之，佛之所以能夠統括、支配和貫穿大宇宙的能源，是因為幸福的能源內在於佛。

因此，佛即是佛，其存在本身即是以幸福為立足點。佛的幸福是指什麼呢？佛會對什麼感到幸福呢？生成、培育、發展和繁榮——萬物都在大和諧中發展、繁榮，在這過程中，佛會感到喜悅。

如果佛的存在本身是停滯的狀態，也就沒有任何喜悅了。然而佛在活動，佛體現出了「使萬物和諧、發展和繁榮」的目的，佛在這個過程中獲得了偉大且美好的體驗和喜悅感。

進而，佛本身也能朝向更偉大的境地轉化、擴大和發展。

「人是追求幸福的存在」、「人幸福地生活即是創造」，這便是佛的本性、佛的慈悲之體現。

八、如來的機能

下面，我們來探討如來的職責與活動。

我在《太陽之法》一書中曾經提到：「佛『平等』地創造了人的靈魂，在評價人的活動時，也以『公平』的觀點來看待。」

這個「公平」即是指，對需要指導眾人之人，給予適合他的立場、職責和力量。「如來」這樣的高境界的基礎，就是這公平的原理。

雖然說，佛子是佛光的「平等」的分身，但對於在多次轉生輪迴中獲得了偉大睿智的人，則會賜予適合此人的立場，給此人更大的機會去實現自己。這是佛的想法。

也就是說，如來是指能夠作為佛的代理人之人。佛是天地的創造者，而非肉體生命。創造了廣大無邊的宇宙多次元空間的佛，是不可能擺在手掌上讓人們來認識的。

因此，「如來」的存在本身，不就是為了使人們感受到偉大的佛嗎？這也是稱「如來」的境界是「存在之愛」的體現的根本理由。

如來是「從真實世界來的」，體現了絕對真理的存在。因此，其存在本身即是對人類的愛。如來透過偉大的啟發、啟蒙，不斷地引導人們走向幸福的境地，這就是如來。如來是光的存在，是佛的化身。

人想用肉眼認佛、想徹底理解佛、完全地把握佛，都是不可能的，但人可以透過如來去推測佛的存在。如來是人推測佛、推量佛的慈悲的範本。

雖然無法直接見佛，但可透過如來感受佛的偉大慈悲和存在。

因此，如來的存在本身，即意味著履行教育的職責；如來的存在本身，就具有教化萬眾的功能。

九、論佛

若再深入探察如來的職責，即是如來能夠論述什麼是佛。具有資格代為論佛的人，就是如來。

普通之人是不具有論佛的權威的，但八次元世界的諸如來，作為偉大的光明指導靈，其立場高於普通人，並且是接近佛的境界的存在，所以容許他們論佛。

雖說如此，如來仍不能論述佛的一切。因為佛的性質和存在廣大無邊，一個靈魂難以言盡。

因此，諸多如來作為佛的各式各樣的靈光之長，活躍於八次元如來界中。譬如說，喬答摩・悉達多（九次元大靈）為黃色光之頂峰。以黃金色光為主的諸如來，即透過講述覺悟、法和慈悲等，來論述什麼是佛。

在以耶穌（九次元大靈）為頂峰的愛之光、白色光之中的諸如來，則是透過傳播愛來論佛。

以摩西（Moses、九次元大靈）為頂峰的紅色光之中的諸如來，則是透過佛力產生的奇蹟來體現佛。

其他色光中的諸如來也是相同的情形。以老莊思想為代表的綠色光，講述的是自然和諧。接受了綠色光的諸如來，透過大自然中的和諧之道，來教導人們順其自然便可體會佛的存在，佛即存在於和諧之中。

此外，宙斯（Zeus、九次元大靈）統管藝術。這方面的如來，透過藝術之光來表現佛姿。

在孔子（九次元大靈）統領的紫色光中，重視禮節、秩序和忠節等等。他們透過這樣的訓育，使人明白走向佛時，需要懷著敬畏或崇拜之心，去感受佛的存在。

總之，諸如來是根據自己所屬的靈光，從各方面去論佛。但是，人類並沒有認識到有各種不同性質的光，也不明白不同的如來在不同的光流中講述法理這件事，因而挑起歷史上的各種宗教戰爭。

彼此否認彼此的立場、否認對方對佛神的觀點，視對方為異教徒、邪教，指責對方教義有錯誤等等，爭戰不休。

然而，今天的人類，應該正確地認識到諸如來是在各種靈光下活動，並體會佛是何等的存在。

十、完成之道

八次元如來界中的諸靈，是否已充分地完成了靈魂修行呢？他們還有更進一步的修行目標嗎？

其實，即便是如來，在降生世間的過程中，也是以人的身份，在累積著修行的。

他們在八次元時是專家，是體現某個靈光的偉大存在，但是在以幾百年或幾千年為週期的輪迴轉生過程中，也同樣需要見識各種事物，經歷各種體驗。

他們透過這樣的世間生活，學習自己專長之外的知識，去接觸不同靈光系統的教義。

如此來看，即使是如來，也仍然處於修行悟道的途中。當然，諸如來已接近了完成的境界，這是不能否定的。

那麼，如來透過靈魂修行所追求的完成之道，到底是什麼呢？可以說，他們努力進行靈魂修行，歸根究柢是為了能夠從更偉大的統合觀點來觀察人類、觀察教義，進而觀測地球和人類的歷史等。

換言之，諸如來的修行目的，是為了獲得更高度的認識力和洞察力。

輪迴轉生這個法則，是為了使人類進化和發展，是佛的恩賜。所有的靈魂都無法脫離這個法則。

但我們常可聽到「如來已從輪迴轉生的法則中解脫」、「脫離出輪迴轉生是成為如來的條件」等說法，在此略做說明。

其實如來在幾千、幾萬或幾十萬年間，還是必須要輪迴轉生，但是如來能夠根據自己的意志和計畫來轉生。

相較之下，菩薩界以下的人們，則是根據需要而轉生到地上世界，他們需要選擇適合自身修行的時代降生。這種輪迴轉生，相當於接受義務教育。

而如來已結束了義務教育的階段，為了進一步提高社會性學習，他們可以根據自己的想法選擇適合的課程。

換言之，雖然義務教育已結束，但如來為了更高的目標，可以主動要求學習的機會。在學習方法和內容上，是根據自己的自由意志來決定。

如來學習的目的，是為了培養更高度的認識力和洞察力，繼續擴展觀察地球和全人類的視野。可以說，做如此偉大的靈魂修行，走在完成之道上的人，便是如來。

第六章

九次元世界

一、神祕面紗的背後

從第一章到第五章，我們講述了從四次元到八次元世界的構造，以及貫穿其中的法則。迄今能夠如此條理明晰地說明靈界奧祕的人，恐怕不多吧。

九次元世界，一向被古往今來的哲學家和宗教家認為蓋著一層神祕面紗。現在，本章就針對這個世界做深入的分析，並且盡可能以人的頭腦能夠理解的方式來說明。

面紗背後的九次元世界，其實就是救世主的世界。生活在九次元世界的大靈，都是救世主、彌賽亞，他們數千年才降生於世間一次。

人類史上有過各種文明和時代，為了創造新文明和新時代，九次元大靈會分身降生世間。有些大靈在同一時代中，隔二、三千降生世間一次，有的時代則幾乎沒有大靈降生，各種情形都有可能。這是因為九次元大靈各有職責和專司的領域，根據不同的時代相互配合、降生活動，創造出文明和時代的鮮明特色。

在現代文明的進程中，作為救世主降世的著名人物，有喬答摩．悉達多、耶穌．基督以及摩西。此外，還有降生於中國的孔子，雖然孔子沒有被稱為救世主，但他也是九次元大靈。觀察上述人物，可以發現他們的共通點，都是為人類締造了文明的原理。

二、神祕的世界

九次元世界是極為神祕的世界。雖然世間的人們對於靈界的看法不一，但「九次元大靈正在逐步成為非人靈的生命體」，這個事實是毋庸置疑的。

在四次元幽界的居民，雖然也是靈體，但他們的生活狀態與在世間持肉體生活時，並無太大差別。

五次元善人界的居民，也還殘留著肉體之人的感覺，所以大多從事與世間近似的職業。

譬如，他們會做木工、學校老師、商店店員，或是製造機械設備等。也有許多人投入農業生產。在五次元世界中，有許多人從事跟世間相似的工作。

所以說五次元世界還是人類能夠理解的世界。

而進入六次元光明界時，意識逐漸提高，靈人們「神采」奕奕，所以世人常視他們為神。但他們在靈界生活時，通常還是有四肢五體的意識。

只不過，他們有時候也能察覺到自己為意識體，並且進行意識活動。這意味著六次元光明界的靈人可以瞬間移動到所想之處。

如果是西方人，他們有時會像背上長翅膀的天使一樣飛翔；如果是東方人，則會像孫悟空騰雲駕霧一般在靈界穿梭。由此看來，可以說六次元人們的意識，已經和肉體之人的五官意識稍有不同。

在七次元菩薩界中，依舊有人以肉體之人的姿態來修行。只不過，菩薩界人們的主要工作，是教育、引導那些尚處於修行初級階段的人，所以這裡多數的靈人並非安居於七次元世界，而是經常下到六次元、五次元或四次元世界獻身於各種工作，或是為了創造美好的世間，以指導靈的身份對世人進行各方面的指導。

七次元世界居民縱橫無盡的卓越活動，意味著他們的生活形態已有別於肉體之人，具備了更高的自我意識與自覺。

只不過，七次元世界的人在客觀地觀察自身時，仍需要依循生前四肢五體的記憶來認識自己。

不過進入八次元世界時，情況就不同了。八次元世界的居民，有時以指導靈之姿出現於世間，指導世上的宗教。那時候，他們會以各種神明的姿態出現在世人面前。譬如，天御中主命（日本《古事記》中記載，天地初開時最早出現的神明）作為「生長之家」的大神時，是以白髮老人的模樣現身。

然而八次元的靈人返回靈界生活時，就不是這種模樣了。他們的肉體意識已逐步消失。

如來界的靈人，在相互交流時，為了易於認識彼此和溝通意識，或許會現出人的姿態來。他們能使自身靈體自由分化，做各式各樣的形態變化。

如來可以使用意識體的一個部分進行各種活動。《西遊記》中孫悟空只要吹一根毛髮，就能變出大象或者是自己的分身。八次元世界就是這樣的世界，如來利用自己一部分的意識體，就能進行各種活動。

八次元的靈人，無論到哪裡都能做分光。雖然是為了同一種目的，卻能以無數的分身來進行。

八次元世界之上，則是神祕的九次元世界，這個世界是難以理解的。九次元世界中有十位大靈，或者說，有十個具有個性的巨光。

因此，九次元大靈在與我交流時，多是顯現他們曾在世間生活時的個性和形態，但他們在靈界時是無形無姿的。

要解釋這件事實在是非常困難，我試著用具體的比喻來說明。譬如說，九次元世界有十個具有特色的電池，每個電池的正負極上都接著電路，在這條電路上串連著許多燈泡，通了電，燈泡就會亮。某一個燈泡是拉．穆（La Mu），旁邊的燈泡是利安托．阿爾．克萊德（Rient Arl Croud），接下來是海爾梅斯（Hermes），隨後是喬答摩．悉達多等。

雖然有許多燈泡，然而實際上是一個電池發出的電流在電路中流動，只在必要時才用不同顏色的燈泡放射不同的光。

三、九次元大靈之真實樣貌

九次元大靈的真實樣貌，究竟是什麼樣子呢？

九次元大靈並非如小說中描寫的，居於宮殿、高高在上、冠冕堂皇。

九次元大靈是透過電磁波、能量體、意識體來活動。當其意識體之一的燈泡發光、現形時，人們才能察覺到他們的存在。

譬如，耶穌雖是九次元大靈，但他並非以被釘在十字架上那削瘦長髮的模樣生活在九次元，而是一個具有耶穌特徵的光團。在有必要的時候，他也會前去指導世人或八次元以下的靈人。

只不過，耶穌在指導八次元諸如來和七次元諸菩薩時，還是會以生前的姿態顯現，讓人們易於辨識。

雖說如此，能看到耶穌之姿的，至少仍然是六次元以上的靈格。六次元以下的世界，即使耶穌出現，也會由於顯現的光過於耀眼而辨認不出。

換言之，不同次元的意識體，在光量上也不同。

這個光，還不是單純的光，還是具有特色的光，譬如黃色、白色、紅色、綠色等各種光束。這就是九次元大靈的真實樣貌。

為了便於世人理解，這裡使用了有顏色的光來說明。但是，實際上在九次元世界中，連顏色也沒有。

世間也是如此。其實，顏色是不存在的。即使某個物體肉眼看上去是藍色，但其實只不過是太陽光中的藍色光反射的結果。如果物體把光全部吸收掉，就都變成黑色了。相反的，將光全部反射出來，就成了白色。同理，黃色光的反射，就使物體顯出黃色。

「本無色」，是指無光則無色。只有構成了物質的粒子反射出太陽光的顏色時，人才能看到顏色。

如果顏色是一種實際存在的話，那麼，即使在黑暗中也能顯出顏色。然而，在全然的黑暗中，是沒有任何顏色的。

總之，不同的顏色，只是物體反射出不同波長的光所造成的現象。若無光，則無色。

四、宗教的本質

下面，我們來探討何謂宗教的本質。

在說明八次元世界時，曾經談到過「佛光進行光譜化後，形成了各具特色的教義。諸如來對佛神的認識各有不同，因而形成了各種宗教」。

為什麼要有區別呢？宗教只有一種的話，不是比較好嗎？所有的宗教都講同一個教義，這樣的話，人們就不會為了教義的差別而迷惑，既不會產生歧見，更不會有宗教戰爭。或許會有人這樣認為。

但我發現這種想法是錯誤的，而且有危險。千篇一律的教義，就好比所有人都穿同樣的衣服一般，能真正地滿足人們嗎？

譬如，行駛在路上的汽車，不也是五花八門？製造廠商不同，顏色不同，大小不同，耗油程度也不同，有豪華車與廉價車的分別，有新舊的差異等等。人們可以根據自己的喜好和能力選購汽車。

為什麼需要這麼多種類的汽車呢？因為，汽車並非單純的運輸工具。如果汽車只是從A地到達B地的工具，世上的汽車全部一樣也無所謂。但是，汽車是附帶著其他用途的。

某種程度上，汽車代表了各種象徵。譬如，汽車象徵了車主的資產狀態和興趣。有人把汽車作為實用工具，有人把車看成是裝飾品或趕時髦的消費品。

男生有男生喜歡開的車，女生有女生喜愛開的車。此外，還有車速快慢、廠牌差別，有四門的車、有五門的車等等。因此，很難一概而論哪種車最好。

當今，各種宗教此起彼伏令人眼花繚亂。但要問「哪個宗教最好」，就好比是在問「哪種汽車最好」似的。

當然，通常可以回答說「越貴的車越好」，或者具體地比較哪部車比較高級、性能優越，但未必所有的人都會喜歡這種車。不同的人有不同的愛好，是一件好事。

佛教中有「小乘」和「大乘」。「乘」為「乘物」之意。小乘和大乘，是指小的乘物和大的乘物。

小乘即小型汽車，只能自己一個人乘坐；大乘即大型汽車，能容納許多人搭乘。

也就是說，宗教界中也有小型汽車和大型汽車的不同。兩者之間的差異，就顯現在能運載的人數和運載的方法上。

大概不會有人把大型巴士當作日常家用車吧。大巴士能容納幾十個人，不適合個人使用。

歸結起來，車子有大、中、小等不同車種，在宗教中，也有適合不同人、不同風土民情的各色教義。

譬如說，在以鬥爭和破壞的沙漠地帶，需要「制裁之神」顯現，講授正義的教義。在溫和的東方地區，則需要和諧的教義。此外，為了創造近代性的西洋文明，則需要將真理以哲學的形式出現。

無論採用何種形式，目的都是一樣的，都是要從A地移動到B地，只不過是在其間備有各式各樣的交通工具而已，人們可以從中發現喜悅和人生的意義。這是佛為人鋪設的心靈修行之路。

五、七色光譜

人們常說「佛光七色」，事實上也的確如此。在九次元世界中，佛光分為七色，透過八次元以下諸如來，表現成十幾種至二十幾種的光。

在這裡，我要列舉受持七色光的九次元諸大如來。

受持黃色、黃金色光的中心光線的，是喬答摩·悉達多（釋迦牟尼佛）。佛陀的黃色光是法之色，或者說是慈悲之色。

受持白色光的是耶穌·基督。耶穌的白色光是愛之光，醫療系靈團歸屬於耶穌的白色光系。醫生和護士穿著白色衣服與此一致也許出自偶然，但暗示著他們從屬於白色光系列。

紅色光的責任人是摩西。摩西的紅色光是指導者的光線，是使社會趨於規律的政治指導者的光線。此外，紅色光的別名是奇蹟之光。各種奇蹟現象，都是紅色光的運作所產生。

此外，還有藍色光。這是與哲學思想相關聯的光線。擔任藍色光的並非一人，而是兩個人。

一位是曾在希臘誕生的宙斯（Zeus）。宙斯降世時，主管文學和藝術。藝術之光中雖也有綠色光，但其中一部分則從屬於藍色光系統。

另一個藍色光的負責人是摩奴（Manu）。在印度，他被稱為人類的始祖，創造出規範婆羅門的日常生活《摩奴法典》（*Laws of Manu*），他就是這派思想的創始人。這位九次元大靈除了擔負思想系統的職責，還兼管其他各種特殊的使命。現在，他負責統合跨地域性的思想信條，例如人種問題。

此外，還有銀色光。這是科學、近代化文明的光線。負責分光這銀色光的，是九次元如來牛頓（Newton）。

牛頓的靈魂生命體，曾以阿基米德（Archimedes）之名誕生於希臘。這位九次元如來擔負著銀色光的職責，以科學家的身份誕生在世間，為了使世間和其他次元的人們在科學上有所進步。

在牛頓的生命流動系統之中，還包括八次元如來界的愛迪生和愛因斯坦。

隨後是綠色光，它主要掌管調和的光線。綠色是老莊思想之色，是大自然之色，是和諧之色。這個光色的負責人，是先前所提到的摩奴，以及講述善惡二元論之拜火教的中近東之神——鎖羅亞斯德（Zoroaster）。他們教義的核心，是大自然、宇宙的構造與和諧。

此外，尚有紫色光。紫色光是誕生於中國的孔子之光，主管道德之道、做學問的方法、禮節和秩序等方面。為了管理上下關係，孔子便將這紫色光進行分光。

此外，在這紫色光的流動系統中還有日本神道。

如此，九次元八位大如來受持七色光。但大如來共有十位，其餘兩位的具體職責是什麼呢？他們都進行著怎樣的活動呢？

一位是恩利勒（Enlil），他在沙漠地域被稱作耶和華（Yahweh）。他履行了以色列民族神的職責，在東方被視為眾神之首，受到人民的敬畏。

另一位是彌勒（Maitreyer），他擔負著調整的職責。彌勒將光進行光譜化，調整光的強弱等。

六、釋迦的活動

九次元大靈當中的核心存在，即是喬答摩·悉達多，亦即降生於印度的釋迦牟尼佛之「生命體」。不過，以釋迦（釋尊）的身份降生世間時，他的能量大約只有本來的佛陀意識「愛爾康大靈（El Cantare）意識」的五分之一而已。釋迦意識巨大的生命體，位於九次元世界。

釋迦生命體的起源極為悠久，是地球系中最悠久的靈。釋迦能給人類極大影響的理由之一，即在於其生命體有極為久遠的歷史，始於地球的草創時期。

雖然是最悠久的靈，但他總是積極從事各種活動，曾經多次分出自己的意識體之一降生到世間，指導人類的進程。

此外，釋迦意識還擔負著地球系靈團的最高責任。在這個事實之上，要說「釋迦意識之性格創造出了文明的性格」，也絕非言過其實。

釋迦的靈魂生命體，在過去曾以拉．穆（La Mu）之名誕生在穆（Mu）帝國，也曾以托斯（Thoth）之名誕生在亞特蘭提斯（Atlantis）帝國，以利安托．阿爾．克萊德（Rient Arl Croud）之名誕生在印加（Inca），以海爾梅斯（Hermes）之名誕生在希臘。我在《太陽之法》一書中，對此有詳細的記述。

釋迦的活動中心是創造「法」，所以，在追尋世上各種宗教、哲學思想的根源時，必然會歸向釋迦之法源。也就是說，釋迦之靈在靈界的思想，會在世間透過各種形式體現出來。

釋迦的本體意識，在九次元世界稱之為「愛爾康大靈意識」。若探究

「法」之根源，最終會連接向愛爾康大靈意識。釋迦意識是偉大的法意識，是統管人類之「法」的意識。

七、耶穌的活動

接下來，也要對耶穌．基督做簡單的說明。

當然，以耶穌的知名度，幾乎不需要再多說明什麼了，他也是在地球靈團草創時期活躍的九次元大靈。

耶穌的活動以「愛」為中心。當今，「愛」已是普遍的教義，不僅在以基督教為國教的國家，在其他各國也廣為傳播和弘揚。這表明耶穌具有何等偉大的力量。

耶穌於九次元意識之別名是「阿伽沙（Agasha）意識」。阿伽沙是曾在亞特蘭提斯（Atlantis）末期降世的光明大指導靈。因此阿伽沙之名常被使用，有時也把地球系靈團稱為阿伽沙系靈團。

耶穌的生命體，大約在一萬年前左右，以阿伽沙之名誕生在亞特蘭提斯，在七、八千年前以奎師那（Krishna）之名誕生在印度，在四千年前以庫拉里奧（Clario）之名誕生在埃及，除此之外，還透過各種形式從天上界給予廣泛的指導。

耶穌的思想活動核心是「愛」，而釋迦的核心則是「法」。如果以人的身體來比喻，人除了有頭腦和神經系統，還有通向人體各部位的血管，而耶穌的活動就是在血管中流動的血液。

如果說釋迦將血管有組織地分佈到全身，那麼耶穌就是心臟的跳動，不斷地向四肢輸送血液。

若心臟停止了跳動，人體就動彈不得。同樣，如果沒有耶穌的活動，地球系靈團的人們就會相互爭執、憎恨，像是一盤散沙。

耶穌負起了驅動心臟，將愛的血液輸送給全人類的職責，所以人類有了「應該互愛」的意識。

耶穌是「互愛、結合」的偉大力量的體現者，而且，從幾億年前起到今天，從未停止過這樣的活動。

此外，耶穌的愛還體現於醫療系靈團上。耶穌是這個醫療系靈團的領導者，歸向耶穌靈流的靈系團體相當強大。

實際上，白色光的「愛之光」的靈界人口極多，理由之一是耶穌在過去曾幾度降生世間，傳播了愛的教義。實踐愛的教義的靈界人口相當多。

在耶穌活動的靈流中有七大天使。我已講過，七大天使是隨同恩利勒

（Enlil）之靈，於地球草創時期與眾多靈魂生命一同來到地球。七大天使同時也是耶穌的弟子。

這七大天使分別是：米迦勒（Michael）、加百列（Gabriel）、拉斐爾（Raphael）、拉貴爾（Laguel）、沙利葉（Saliel）、烏列（Uriel）和帕奴伊爾（Panuel，於路西法 Lucifel 墮入地獄之後升為大天使）。

米迦勒為天使之長，負有率領眾人的責任，被賜予阻止撒旦等地獄靈黑暗活動的巨大力量。

加百列天使承擔著通信的職責，在各時代和文明當中擔任了許多具體的工作。

拉斐爾負責從藝術領域傳達愛的職責。

沙利葉天使是醫療系團之長，實踐耶穌有關醫療的具體教義，治病救人。

他在佛教系統中，有時會以藥師如來之姿態顯現。他的近年降生之身，則名為愛德加・凱西（Edgar Cayce）。

烏列天使主要掌管的，則為政治領域。

八、孔子的活動

此外，還有誕生於中國的孔子，他是一個比較獨特的生命體。我在其他著作中已說明過，孔子主要是學問之神。學問是一種從高向低的流動。孔子的訓誨，主要以秩序為主。

「秩序」是達到和諧的一種方法論。前文已講述過，「人類以進步與和諧之兩大目的進行靈魂修行」，要達到和諧，「秩序」至關重要。

在孔子的學說中有講述到，支配與被支配的關係、權力與服從的關係等，但他主要的教誨是「近佛者為上，拒佛者為下，如何創造與佛心相應的秩序」。

「如何透過學問、道，創造出井然有序的世界，創造出與佛心相應、有秩序的世界」，就是孔子主要的思想。

在九次元世界中，有釋迦管理頭腦這個指令系統中樞，完成分配人體血管的職責，有耶穌負責輸送血液，也有設計秩序和調整人際關係的孔子。

回顧悠久的人類歷史，由於孔子不辱使命，才令社會整體有序，同時也讓靈界上下井然有條理。孔子對此貢獻非凡。

九、摩西的活動

前文講述了釋迦、耶穌和孔子，接下來要介紹領導以色列民族的摩西。摩西的靈格與耶穌和孔子幾乎同位，主要負責奇蹟現象。

體現佛力有各種方法，其中一種即是展現奇蹟。特別是以世人的常識無法解釋的奇蹟發生時，人們便能夠從中感受到佛力的存在。

譬如，摩西劈開紅海，以及受天之光刻十誡於石板等奇蹟，民眾為之敬服，感受到了偉大的佛力。紅色奇蹟之光，是為了使人醒悟到佛的存在。摩西，就是掌管紅色光之大靈。

現在，釋迦在九次元世界為陣前的指揮者，主要致力於構築新文明、新時代。耶穌負責天上界的指令系統，孔子則正為宇宙中的人類和地球如何進化，做著龐大的規劃。

摩西現在的職責，是如何消除在這一億年左右的歷史中形成的地獄界。

十、展望行星意識世界

以上是十位大靈在九次元世界主要的活動。

九次元七色分之光源從何而來呢？其來自於十次元世界。

十次元世界即是「行星意識」的世界，要說這個世界中有「居民」是極不確切的。因為，持有人靈特色的存在僅到九次元世界為止，十次元世界的靈已不是人靈了。並且，這些靈從未降生過世間，從未持過肉體。

十次元行星意識，在地球系中有三體意識。

首先是「大日意識」。大日意識統管負責積極性的一面，是促進地球進化的意識體。

其次是「月意識」。月意識統管著地球的優美、藝術、滋潤和陰性的一面。

「大日意識」的陽性和「月意識」的陰性結合，使地球展開了二元性的世界。

在陽性世界中本不存在的陰性世界，在月意識的影響下開始顯現出來。譬如，相對於男性來說有女性；相對於光來說有影；相對於白晝來說有黑夜；相對於山來說有海等等。如此，月意識主要擔任優柔面的職責。

另一意識體，即「地球意識」。地球生命體本身已經歷了四十六億年的時光，孕育了地球上的生物，使萬物生息。具體來說，地球意識在造山、火山爆發、陸地移動、地殼變動、動植物的繁衍生長等方面發揮作用。

長期以來，三體意識養育著地球，給予地球的進化極大影響。在十次元世界之上，更有十一次元太陽系世界。太陽的意識體位於十一次元世界，此為恆星意識。

繼續往上展望，還有十二次元銀河系意識。而十三次元是超越了銀河系，位於浩瀚宇宙中的大宇宙意識。人類無法理解、偉大的根本佛的世界，即是如此延伸下去。

人具有無限的目的，走在無限進化的過程中，為了實現進步與和諧，而不斷努力。這就是與人關係至為密切的世界真相，是人類生存的指南與目的。

本書《永遠之法》全六章，主要論述從四次元到九次元的靈界。文中明確解說了靈界的實相、點明了世界不僅僅是三次元的世間，以及闡述人的本質是靈等等的世界觀。

「以這真理知識為堅實的基礎，鼓起勇氣開拓人生」，這是我對讀者的殷切期望。

後記

自本書問世至今，「幸福科學」已獲得了奇蹟性的躍進。這說明宗教性的發展動力內含於大法之中，證實了本書所言是絕對真理（真如），同時也是我作為真理體現者之證明。

本書之真實性，將在今後「幸福科學」傳揚佛法真理的過程中，在向世界普及的歷史中，以及在永世傳承之中，必能得到證明。

本書所述之真理，若非居於九次元根源世界的人則不能講述，睜開了心靈之眼的人當可明白這一點。若將禪心悟語比喻為庭院中的奇山異石，那麼，本書所開示之覺悟境界，遠遠高於珠穆朗瑪峰，是人類的祕寶，也是愛爾康大靈賜予人類最大的慈悲。

一九九七年七月

幸福科學集團創立者兼總裁　大川隆法

HAPPY SCIENCE

幸福科學集團介紹

幸福科學透過宗教、教育、政治、出版等活動，以實現地球烏托邦為目標。

幸福科學

一九八六年立宗。信仰的對象為地球靈團至高神「愛爾康大靈」。幸福科學信徒廣布於全世界一百多個國家，為實現「拯救全人類」之尊貴使命，實踐著「愛」、「覺悟」、「建設烏托邦」之教義，奮力傳道。

愛

幸福科學所稱之「愛」是指「施愛」。這與佛教的慈悲、佈施的精神相同。信眾透過傳遞佛法真理，為了讓更多的人們能度過幸福人生，努力推動著各種傳道活動。

覺悟

所謂「覺悟」，即是知道自己是佛子。藉由學習佛法真理、精神統一、磨練己心，在獲得智慧解決煩惱的同時，以達到天使、菩薩的境界為目標，齊備能拯救更多人們的力量。

建設烏托邦

我們人類帶著於世間建設理想世界之尊貴使命，而轉生於世間。為了止惡揚善，信眾積極參與著各種弘法活動。

入會介紹

在幸福科學當中，以大川隆法總裁所述說之佛法真理為基礎，學習並實踐著「如何才能變得幸福、如何才能讓他人幸福」。

入會

想試著學習佛法真理的朋友

若是相信並想要學習大川隆法總裁的教義之人，皆可成為幸福科學的會員。入會者可領受《入會版「正心法語」》。

三皈依誓願

想要加深信仰的朋友

想要做為佛弟子加深信仰之人，可在幸福科學各地支部接受皈依佛、法、僧三寶之「三皈依誓願儀式」。三皈依誓願者可領受《佛說・正心法語》、《祈願文①》、《祈願文②》、《向愛爾康大靈的祈禱》。

幸福科學於各地支部、據點每週皆舉行各種法話學習會、佛法真理講座、經典讀書會等活動，歡迎各地朋友前來參加，亦歡迎前來心靈諮詢。

台北支部精舍
台北市松山區敦化北路 155 巷 89 號

幸福科學台灣代表處
台北市松山區敦化北路 155 巷 89 號
02-2719-9377
taiwan@happy-science.org
FB：幸福科學台灣

幸福科學馬來西亞代表處
No 22A, Block 2, Jalil Link Jalan Jalil Jaya 2, Bukit Jalil 57000, Kuala Lumpur, Malaysia
+60-3-8998-7877
malaysia@happy-science.org
FB：Happy Science Malaysia

幸福科學新加坡代表處
477 Sims Avenue, #01-01, Singapore 387549
+65-6837-0777
singapore@happy-science.org
FB：Happy Science Singapore

國家圖書館出版品預行編目(CIP)資料

永遠之法 愛爾康大靈的世界觀／大川隆法作；幸福科學經典翻譯小組翻譯. -- 初版. -- 臺北市：台灣幸福科學出版，2020.08
256面；14.8×21公分
譯自：永遠の法 エル・カンターレの世界
ISBN 978-986-98444-3-7(精裝)

1. 靈界

215.7 109001778

永遠之法 愛爾康大靈的世界觀

永遠の法 エル・カンターレの世界観

作　　者／大川隆法
翻　　譯／幸福科學經典翻譯小組
主　　編／簡孟羽、洪季楨
封面設計／Lee
內文設計／黛安娜

出版發行／台灣幸福科學出版有限公司
104-029 台北市中山區中山北路三段 49 號 7 樓之 4
電話／02-2586-3390　傳真／02-2595-4250
信箱／info@irhpress.tw
法律顧問：第一法律事務所　余淑杏律師

總 經 銷／旭昇圖書有限公司
235-026 新北市中和區中山路二段 352 號 2 樓
電話／02-2245-1480　傳真／02-2245-1479

幸福科學華語圈各國聯絡處／
台　　灣　taiwan@happy-science.org
地址：台北市松山區敦化北路 155 巷 89 號（台灣代表處）
電話：02-2719-9377
官網：http://www.happysciencetw.org/zh-han

香　　港　hongkong@happy-science.org
新 加 坡　singapore@happy-science.org
馬來西亞　malaysia@happy-science.org

書　　號／978-986-98444-3-7
初　　版／2020 年 8 月
定　　價／400 元

廣　告　回　信	
台北郵局登記證	
台北廣字第5433號	
平　　信	

IRH Press Taiwan Co., Ltd.
台灣幸福科學出版有限公司

104-029 台北市中山區中山北路三段49號7樓之4
台灣幸福科學出版　編輯部　收

請沿此線撕下對折後寄回或傳真，謝謝您寶貴的意見！

永遠之法

愛爾康大靈的世界觀

Ryuho Okawa
大川隆法

台灣幸福科學出版有限公司

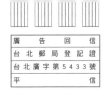

永遠之法 愛爾康大靈的世界觀
讀者專用回函

非常感謝您購買《永遠之法 愛爾康大靈的世界觀》一書，
敬請回答下列問題，我們將不定期舉辦抽獎，
中獎者將致贈本公司出版的書籍刊物等禮物！

讀者個人資料　※本個資僅供公司內部讀者資料建檔使用，敬請放心。

1. 姓名：　　　　性別：□男　□女
2. 出生年月日：西元　　　年　　　月　　　日
3. 聯絡電話：
4. 電子信箱：
5. 通訊地址：□□□-□□
6. 學歷：□國小 □國中 □高中／職 □五專 □二／四技 □大學 □研究所 □其他
7. 職業：□學生 □軍 □公 □教 □工 □商 □自由業□資訊 □服務 □傳播 □出版 □金融 □其他
8. 您所購書的地點及店名：
9. 是否願意收到新書資訊：□願意　□不願意

購書資訊：

1. 您從何處得知本書的訊息：（可複選）□網路書店　□逛書局時看到新書　□雜誌介紹
   □廣告宣傳　□親友推薦　□幸福科學的其他出版品　□其他
2. 購買本書的原因：（可複選）□喜歡本書的主題　□喜歡封面及簡介　□廣告宣傳
   □親友推薦　□是作者的忠實讀者　□其他
3. 本書售價：□很貴　□合理　□便宜　□其他
4. 本書內容：□豐富　□普通　□還需加強　□其他
5. 對本書的建議及觀後感
6. 您對本公司的期望、建議…等等，都請寫下來。

IRH Press Taiwan Co., Ltd.
台灣幸福科學出版有限公司